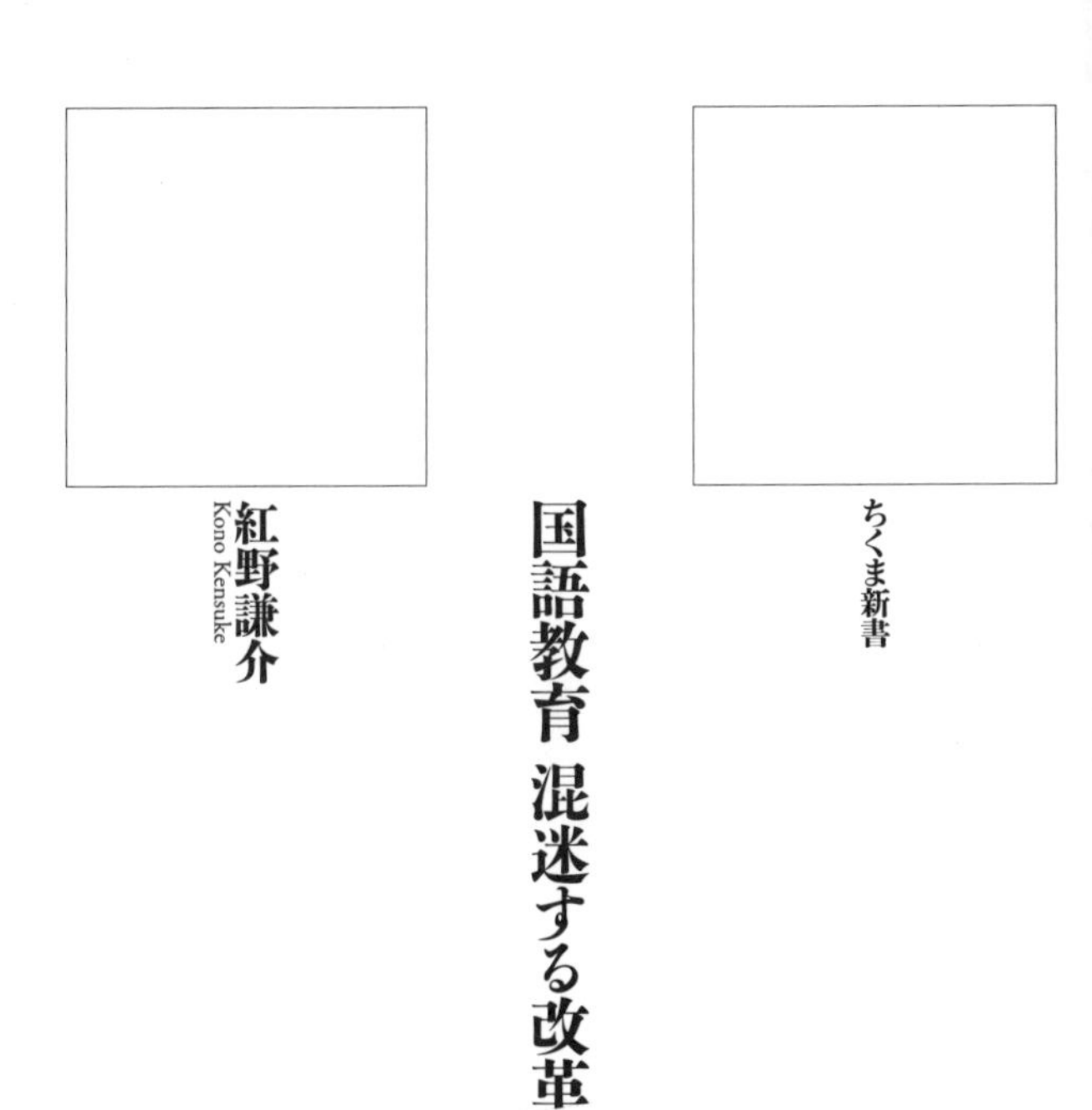

ちくま新書

国語教育 混迷する改革

紅野謙介
Kono Kensuke

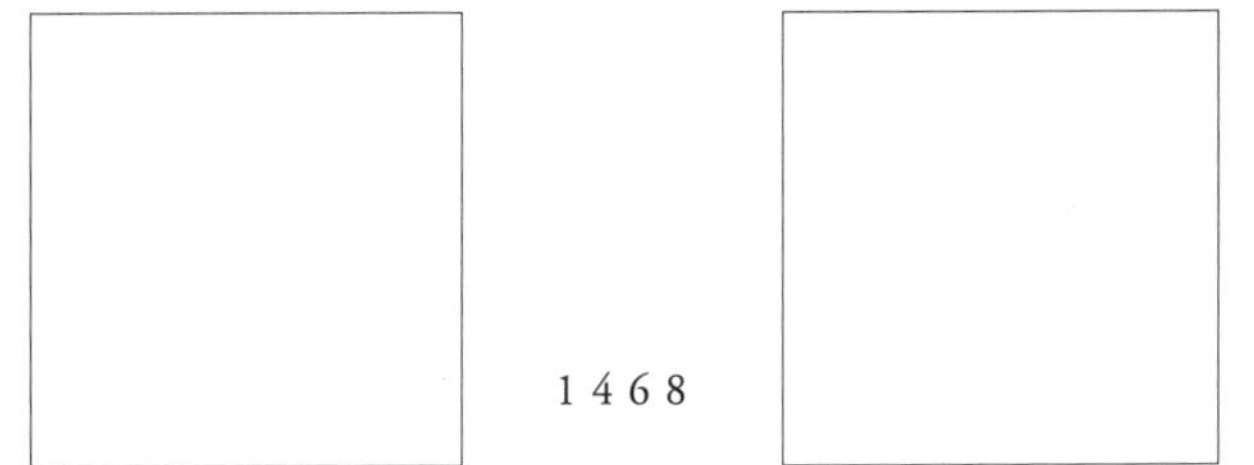

1468

はじめに

†背中から未来に入る

堀田善衞という作家がいました。一九九八年に亡くなられたので、もう二十数年が経ちました。スタジオ・ジブリの宮崎駿監督や鈴木敏夫プロデューサーとも親交があり、ジブリの「風の谷のナウシカ」や「ハウルの動く城」といったアニメーション映画を見ると、彼らが堀田さんをいかに愛読してきたかを感じるように思います。

私も、堀田さんの没後一〇年のときに、縁あって「堀田善衞展　スタジオジブリが描く乱世。」（神奈川近代文学館）という展覧会の編集委員をつとめたことがあります。そのときに宮崎さんや鈴木さんにもお会いし、あらためてお二人の堀田善衞に寄せる敬愛がいかに深いかも知ることができました。

敗戦を上海で迎えた堀田さんは、『広場の孤独』（一九五一年）などの小説で芥川賞を受賞したあと、中国を舞台にした数多くの小説を書き、その後、インドやキューバ、アフリカにも関心を寄せた国際性豊かな作家でした。日本の古典にも造詣が深く、『方丈記私記』（一九七一年）や『定家明月記私抄』正続（一九八六、八八年）といったすぐれた文学エッセイも書いています。

その堀田さんが一九九四年に書いたエッセイに「未来からの挨拶――Back to the Future」があります。今ではちくま学芸文庫の『天上大風　同時代評セレクション一九八六―一九九八』（二〇〇九年）で読むことができます。これは、よく知られている「バック・トゥ・ザ・フューチャー」という八五年のハリウッド映画にちなんだエッセイですが、ただ堀田さんが注目したのは映画の内容ではなくて、タイトルそのものでした。

〝Back to the Future〟、この言葉には何か背景がある、そう直感した堀田さんはバルセロナ大学の古典学の教授から、この言葉がホメロスの『オディッセイ』から来ていると教わります。英訳版の『オディッセイ』を開いてみると、そこには〝the only one who sees what is in front and what is behind.〟という言葉が見つかります。訳注によれば、古代ギリシアにおいて過去と現在は私たちの前にあり、見ることができる。しかし、未来は私たちの背後にあるため見ることができないと考えられていたとあったそうです。「これをもう少し敷衍すれば、われわれはすべて背中から未来へ入って行く、ということになるであろう。すなわち、Back to the Future である」。

そこにソフォクレスの『エディプス王』の一節が呼び込まれます。"not seeing what is here nor what is behind."、すなわち「ここにあるものも見えなければ、背後にあるものも見えない」。つまり過去と現在だけが、私たちの前にある。それは見ようと思えばしっかり見ることができます。ところが、未来は私たちの背後にあって、見ることができない。その見えない未来に向かって、私たちは後ろ向きに背中からこわごわ進んでいくことになる。過去と現在を見つめることが不安に満ちた未来への一歩を支えるのです。

まさに、この言葉が本書の導きの糸となりました。堀田さんもかつてその文章が国語教科書の教材となり、入試の問題文となったことのある書き手でしたが、その堀田さんたちが活躍した時代から遠く離れて、いま私たちは国語教育の大きな転換点に立っています。

何しろ「戦後最大の教育改革」だそうです。未来の形を示すという意気込みのもと、改革の理念を示す入試問題のサンプルや、高等学校の国語教育のプランが発表されています。しかし、どうもその未来形は相当に危なっかしい。もし、未来に向かって後ろ向きに進んでいかなければならないとしたら、今できることは国語教育の過去と現在をしっかりと見つめることです。未来を先取りしたというサンプルやプランがどのようなものなのか、その問題点を探ることが確実な歩みにつながるのだと思います。

†手段としての入試改革

さて、二〇二〇年一月には、大学入試センターによる、いわゆる「センター試験」が行われます。これが最後の「センター試験」となりました。その後継として翌二一年一月から予定されているのが、「大学入学共通テスト」です。

その新共通テストで、「英語」「数学」とともに変更の目玉となっているのが「国語」です。一昨年、私が刊行した『国語教育の危機――大学入学共通テストと新学習指導要領』（ちくま新書）では、それまでに発表されていたサンプル問題や第一回試行調査（プレテスト）をつぶさに検討し、新たに導入された記述式試験の題材や設問の問題点、採点方式への疑念をあげ、公平性や正確さにおいてリスクが高いことを指摘しました。また、従来からのマークシート式問題に対しても、種類の異なる複数の資料を並べるという大きな改変が加えられたのですが、それについてもこれまでの「センター試験」と比べて相当な無理があり、試験問題としての質的低下が否めないと判断しました。

この入試問題の改革が高校の国語教育とも連動しているため、まず入試問題の分析から始めたのですが、いろいろな反響をいただいたなかには大学入試の形式の変更が果たして「国語教育の危機」に結びつくのかという意見もありました。理屈としてはたしかにその通りなのです。入試で「国語教育」が危機に陥るというのは奇妙なことです。

たとえば、大学入試のなかでも最大の「センター試験」を受験しているのは、二〇一八年度で約五八万人です。これは一〇〇万人以上いる一八歳人口のうちの半数と既卒者をふくめての数字です。大学進学をせず、受験しない残りの半数を考えるなら、それは「国語教育」全体の危機というに及ばないのではないか。いぶかしく思うのも無理はありません。大学進学者だけを前提にした発想ではないかと。

ところが、その奇妙な転倒を推し進めているのが、現在の文部科学省（以下、文科省）なのです。入試を変えなければ教育は変えられない、とばかりに、あえてまず入試に手をつけてきたのが、今回のポイントです。大学進学希望者を対象にした入学試験とは、高校で学んできた成果を測定して選抜するためにあったはずです。ところが、その測定が一点刻みの試験、暗記中心となり、本来の力を測るのに役立っていないと断定した上で（むかしからそのようなことはさんざん言っていたのですが）、この入試を変えることで高校・大学の教育を変える。そうした戦術をとると宣言しているのです。

今回の改革は「戦後最大の改革」と言われたり、「明治の学制が始まって以来の」という、それこそオーバーな形容句がつけられたりしています。それは、「高等学校の教育をめぐる改革」、「大学入学選抜制度をめぐる改革」、「大学の教育をめぐる改革」の三つが組み合わさった、いわゆる「三位一体の改革」として計画されているからです。ひとつひとつの案は別々に見えますが、すべて連動した計画になっています。それほど大規模な改革プランがいま進行しています。

初等教育から中等教育の前半まで、つまり幼稚園から中学校までの教育改革は現在、進行中であり、完了が見えているというのが文科省の認識です。義務教育の範囲ですから、すでに「学習指導要領」も徹底されてきている。今回、幼小中学校の改訂も行われたが、こちらの改革準備はできあがっていると考えているのです。その次の段階として、まだ、「学習指導要領」の浸透し切れていない中等教育の後半（主に高等学校のこと）から、入試をへて、高等教育機関（主に大学のこと）のすみずみまでを変えていく。それが今回の目的となっています。

こうした改革のアクセルを踏んだのは、首相直属の教育再生実行会議でした。もっと以前から、民主党政権の時代でも、その前の自民党政権の時代でもさまざまな教育改革についての意見が出ていたので、教育再生実行会議がすべての起源ではありません。しかし、潜在していたそれらの意見を集約してまとめ、強く実行を促したのが、この会議でした。なかでも二〇一三年一〇月に発表された教育再生実行会議の第四次提言「高等学校教育と大学教育との接続・大学入学者選抜の在り方について」は、「高大接続」を合い言葉に大きな引き金となりました。

この提言は、冒頭で世界のグローバル化と「人や物、情報等が国境を越えて行き交う大競争」の時代において、日本社会が「生産年齢人口が大幅に減少」すると訴え、「イノベーションの創出を活性化させるとともに、人材の質を飛躍的に高めていく」必要性を説いています。本来であれば「このような力は、義務教育の基礎の上に、高等学校、大学の段階で伸ばしていくものですが、その間をつなぐ大学入学者選抜が、高等学校や大学の教育に大きな影響を与えています」と、「高大接続」の新しい教育を阻害する要因として入試＝主犯説が唱えられたのです。

†見えない具体案

かつても大学入試の弊害が指摘されたことはありました。そのたびに入試改革が行われてきました。一九七九年からの「大学共通第一次学力試験」、いわゆる共通一次試験もそのひとつです。ついで、一九九〇年から実施されたのが「大学入試センター試験」でした。この計画は一九八五年に臨時教育審議会で提案され、五年かけて実現しました。

それから三〇年。ふたたびこのような大改革となったのですが、入試改革だけではなく、幼児から二〇代前半まで、日本社会を構成する若年層の思考や能力をいっぺんに作り変えていこうという壮大な計画が策定され、進行しつつあるのです。

これはあまりに大きな話です。もっと本格的な議論、さまざまな観点からの協議が必要なのではないか、そう思ったときには時すでに遅し。もう動き出していました。たしかに「イノベーションの創出を活性化」することや「人材の質を飛躍的に高めていく」ことに反対の人は誰もいません。目指していることはたいへん立派で、そうありたいと思うことばかりです。しかし、その具体化のプランが実は問題だらけであることが判明したのです。

さらに、こうした提言を受けて、高等学校の教育課程について「学習指導要領」が新たに改訂され、二〇一八年三月に告示されました。二〇二二年度からはこの指導要領に基づいた教育が実施されることになります。

この指導要領も、「主体的・対話的で深い学び」とか、「思考力・判断力・表現力」を育てるなど、抽象的ではありますが、すっと読むだけならなるほどなと思うテーマを掲げています。だれしも「論理的な思考力」を身につけて、「創造的」な主体性を築くことに大賛成です。しかし、そうした目標を実現するには、どのようなカリキュラムが必要で、どのような具体的プログラムが必要かは曖昧なままでした。

教科の科目名でいえば、社会科でこれまで「日本史」「世界史」と区分されていた科目が「歴史総合」という科目名に変わることになりました。「日本」と「世界」はそう簡単に切り分けられないし、どちらかでいいということはないからです。たしかにそうです。したがって、すべて改革案が悪いわけではありません。ところが、おかしなところもたくさん出て来ました。その最たるものが国語科でした。
国語科の科目名称の変化は次のようになっています。

（現・学習指導要領）
必修科目　「国語総合」（4単位）
選択科目　「国語表現」（4単位）「現代文A」（2単位）「現代文B」（4単位）
　　　　　「古典A」（2単位）「古典B」（4単位）
（新・学習指導要領）
必修科目　「現代の国語」（2単位）「言語文化」（2単位）
選択科目　「論理国語」「文学国語」「国語表現」「古典探究」（各4単位）

歴史は「総合」に向かい、国語は分解に向かうというのは何だか奇妙に見えますが、「国語総合」がまず「現代の国語」と「言語文化」に分かれました。ついで単位時間数や難易度によってAかBかに分かれていた「現代文」と「古典」という区分が「論理」「文学」「古典」という分類になっているのが目につきます。なかでも「論理国語」「文学国語」という、日本語としても聞き慣れない、見慣れない熟語が科目名となって飛び出してきたので、よけいに不審の目で見られることになりました。

英語科では、「話すこと」「聞くこと」「書くこと」「読むこと」の四つの技能を身につけることが重要だと強調されていますが、国語科でも同じように「話すこと・聞くこと」「書くこと」「読むこと」の三つの領域に強いアクセントが打たれています。これまで国語科は「読むこと」ばかりを中心に教育して、「話すこと・聞くこと」「書くこと」がおざなりだった。今後は「読むこと」を圧縮して、他の二領域の習得を目指す。新しい指導要領にはそうしたことが書かれています。実用的なことが重視され、コミュニケーション能力や社会的に使える力がついたかどうかが焦点になっていることが分かります。「読むこと」の縮小には首を傾げますが、少なくとも「話すこと・聞くこと」「書くこと」にも力を注ぐという提案に、一般論でいえばだれも反対ではありません。

でも、それはどのようにやるのか。どこまで遵守しなければならないのか。さっぱり分かりません。見えたのは、「大学入学共通テスト」のサンプルやモデルとなる試験問題です。そこからさかのぼって、どのような国語教育が構想されているのか。前著の探究はそこから始まりました。結果的にとんでもなく困った事態になりそうだということが分かってきたのです。

†論理か文学か?

新しい指導要領に基づく高校の教科書はまだ出来ていません。二〇一八年三月に指導要領が告示されて、文科省によるその解説の正式版が刊行されたのが、二〇一九年二月です。これまでにない分厚い解説本でも目標や理念、方法の説明が主ですから、具体的な内容はまだ見えていません。したがって、「話すこと・聞くこと」を増やすと言っても、どの程度なのか、その拘束力は強いのか弱いのか、どのような教育が実際になされていくのか、ほとんどの高校の先生たちには分からずにいます。

「論理」と「文学」を切り分けるという発想は、文学を囲い込むのではないかという懸念を生みますし、必修科目の「現代の国語」には文学的な文章をいっさい入れないというのが「学習指導要領」の方針だそうです。しかし、方針と言っても、どこまで拘束力があるのか、どういう中味になるのか、想像もつかない。生徒や保護者にとってはなおさらでしょう。何となく心配で、漠然とした不安が教育現場をおおっているのはそのためです。

「大学入学共通テスト」のモデルを見るかぎり、これまでのような著名な書き手による評論やエッセイから出題するのではなく、問題作成委員の人たちがオリジナルに作った文章や図表、会話文が並んでいます。地方自治体の景観保護や、駐車場の契約書、高校の生徒会活動規約など、虚構の題材が用意され、それに応じた設問が用意されていました。記述式試験に表れたこうした特徴が、新しい「学習指導要領」に基づく教育のトーンになるらしい。それは「現代の国語」という必修科目に端的に表れ、実用性と問題解決能力の向上を狙って、「論理国語」という選択科目に接続されるのであろう。そうした推測が広がるにつれて、大きな危惧の表明がなされるようになりました。

文芸評論家の伊藤氏貴さんがまず『文藝春秋』に「高校国語から「文学」が消える」(二〇一八年一一月)という短いエッセイを書かれました。ついで日本ペンクラブの元会長である作家の阿刀田高さんが同じ『文藝春秋』で「高校国語から文学の灯が消える」(二〇一九年一月)との声を上げました。すぐに続いて日本文藝家協会が、二〇一九年一月に「高校・大学接続「国語」改革についての声明」を発表しました。いずれも高校の「国語」や入試問題の改革において、「実学が重視され小説が軽視される、近代文学を扱う時間が減る」として、批判の声をあげたのです。そこには「文部科学省が提示するこの新たな国語教育について、作家や教師、教育機関、出版者など現場の担当者、そして各分野の有識者、専門家の知力を総結集すること」が要望されていました。

呼応するように、従来は教育問題などにほとんど目を向けていなかった文芸雑誌にも反応が現れました。集英社の『すばる』七月号が「教育が変わる　教育を変える」という特集を組み、文藝春秋の『文學界』九月号も「「文学なき国語教育」が危うい！——入試激変、カリキュラム大改編」という特集で同じ問題を取り上げました。『季刊文科』という雑誌の七八号（二〇一九年七月）でも「国語教育から文学が消える」と題した特集がありました。

「文学」が高校の国語から消えると言うと、センセーショナルに聞こえます。雑誌としてはそうした見出しの方が人目を引きやすいのですが、重要なことは、どのような教育内容が求められているかにあります。「論理」と「文学」を分けると何が起きてしまうのか。「現代の国語」や「言語文化」ではどのような授業が計画されているのか。「学習指導要領」の告示から二年近くたって、ようやくその一端が少しずつ見えて来ました。「大学入学共通テスト」の第二回プレテストも、二〇一八年一一月に実施されたので、もう一つのサンプルも出てきたのです。ならば、前著では検討できなかった新たな材料をもとに、さらなる検討を行ってみようというのが本書のテーマです。

†言葉をきちんと読むために

「大学入学共通テスト」については、これまで示されたモデル問題は現行の「学習指導要領」に合わせた試験内容であると言われています。まだ旧来の指導要領に応じて、手心を加えたものだというわけです。新しい指導要領が実施されてから三年後の、二〇二五年一月に予定される「大学入学共通テスト」Ver.2ではさらにもっと大きな改革を行うと予告がなされています。

新しい教育課程に応じたテストになるので、今回の改革で加えられた部分が一気に増量する可能性がありますし、教科をまたいだ合教科型のテストが用意されるのではないかという予測も出ています。つまり、「英語」とか「国語」とか、「理科」「社会」という教科を超えた試験問題が出るのかもしれません。

人生は教科別に出来上がっているわけではないので、現実にふりかかってくる問題は個々の教科だけで解決できるはずはありません。しかし、かつて「ゆとり教育」が唱えられたとき「総合的な学習」という授業が用意されたはずなのに、その成果はどうだったかが十分に検証されないまま、教科を超えた問題へ、というのはいくらなんでも無理でしょう。でも、そうした夢想のようなことをやりたい、やってしまおうという一部の政治家たちが今回の改革では結集しています。

しかし、まだ小手先の改革というその「大学入学共通テスト」で、「英語」についてはすでに民間試験導入の延期が決定しました。「数学」についても、記述式試験の問題ではプレテストでの正答率があまりに低かったため、計画と異なり、文章記述を減らして数式中心にするというように解答形式を縮小することが発表されました。実は「大学入学共通テスト」だけ見るならば、もうすでにふらふらの状態です。果たして、そうしたなかで国語教育はどうなっていくのでしょうか。

本書の構成について簡単に説明しておきます。

まず第1章では、二〇一八年一一月に実施された第二回プレテストのうち、記述式問題である第1問について検討します。総じてこれまでのサンプルやプレテストの不評を挽回しようとして、かなり改善された試験問題になっているのですが、その分、問題点がたいへんクリアに浮かび上がってきました。このテスト分析を通して、教育改革の内実を探る手がかりにしたいと思います。

第2章は、同じ第二回プレテストの第2問を分析してみます。第1問はこれまでのモデルと異なり、署名のある文章を複数、組み合わせて記述式問題を作っていました。そして実用的といわれる文章を中心とした問題を第2問に持って来たのです。あまりに不評だったための苦肉の策かもしれませんが、その第2問でも大きな問題点があることが分かりました。

第3章は、新しい「学習指導要領」解説のための解説本を読んでいくことにしました。

どのような教育課程に基づき、どのような教育内容を計画しているのか。ここではその前提として、解説本の著者たちの現在の教育についての考え、また「学習指導要領」そのものの捉え方を、それらの本から抽出して批判的に検討してみました。

第4章は、「現代の国語」と「言語文化」という必修の二科目について、いまどのような指導計画が組み立てられているのかを追及しました。教科書もまだ出来ていない現状においては、こうした解説本が手がかりになります。熟読した結果、大きな失望と落胆を抱くことになったのですが、どこに問題点があるのか、このままではいかに従来の国語教育の長所をなくしてしまうかを明らかにしていきます。

第5章は、「論理国語」「文学国語」「国語表現」「古典探究」という四つの選択科目について検討を加えました。「論理国語」の内容には目を疑うとともに、決して文学軽視はしていないと豪語しているその「文学国語」がどういう授業として構想されているかが分かってきます。

第6章は、今回の改革の背景にある思想的な問題を押さえた上で、「学習指導要領」改訂の弱点を取り上げます。これまでの定番的な教材や小説にどのような可能性があるかを探り、複数の資料を読み、それらの情報を統合し、構造化するという目論見がまったく逆の、国語教育の迷走を招き寄せるであろうと指摘しました。

テスト問題や指導要領解説を読むことは、高校生や高校の先生、予備校の先生と文学研究者が同じテクストに向き合っている瞬間を感じる興味深い体験でした。テクストとテスト、「ク」があるかないかの違いではありますが、それらの文章をどう読んでいるかを試す絶好の機会となりました。ところが、そのなかで今回の改革推進派の方たちがいかにテクストを読めていないか、それがテストそのものの作り方にも、指導計画にも表れていることがよく分かりました。文学が消える、消えないという話ではなく、そもそも言葉の力や怖さをあまり理解できていない人たちが国語改革を引っ張っていたのです。

入学試験や高校の「国語」に表れた徴候は、大学とも同じ根でつながっています。「アクティブ・ラーニング」という言葉が今や大学教育のあらゆる局面に登場し、カタカナの合言葉がいたるところでくりかえされています。浅薄なキイワードの乱舞がこの教育改革を貫く特徴です。

本来、「国語」は、人間の人間たるゆえんに結びついた言語を扱う教科です。あえて「学習指導要領」の言葉を使うならば、言葉を通して「生きる力」の根源にふれる教科こそ、「国語」だと思います。だからこそ「生きる力」は、何よりも日常生活、社会生活の生きた現場に結びついていなければなりません。ところが、私には、今回の改革案は「生きる力」の獲得を目指そうとしながら、結果的に「生きる力」を弱体化するプランのように見えます。私たちの過去と現在に端を発した教育改革のねじれを見すえながら、「ことばの教育」の未来について考えていきたいと思います。

（付記）大学入学共通テストの「国語」「数学」に記述式試験の問題を導入する計画については、二〇一九年一二月初旬、ようやく政府与党内からも延期ないし再検討の意見が出て、文科省もその意向を無視できない状態となりました。おそらく本書が刊行される時点では、既に何らかの決断が示されていることでしょう。まさに時々刻々の変化が起きているのですが、たとえ延期になったとしても、それは採点の公正さを維持できないなどの理由によるものです。あまりに遅いその結論は当然のこととして、新学習指導要領が現行のままであるかぎり、しばらくしたら、また同じような計画が起き上がりこぼしのように浮上してくると思います。その背景に潜むさらに大きな問題を本書を通して確認していただければ幸いです。

国語教育　混迷する改革【目次】

第1章

記述式試験の長所はどこに——プレテスト第1問の分析

†混乱する大学入学共通テスト

入学選抜制度の改革では、推薦入試やＡＯ入試も名称や定義が改められることになりました。とはいえ、推薦入試やＡＯ入試はやはり一部の人たちに限定されます。かろうじて具体案が見えるのは、一般入学試験です。なかでも最大の受験者数を誇り、入学試験のなかの入学試験とも言える「センター試験」を廃止して、「大学入学共通テスト」に改めるという。マイナーチェンジではなく、まさにメジャーな大改革だからこそ、名称まで変えてしまうというのです。

少し引いた視点で見てみると、逆にも見えます。最初の頃、教育再生実行会議や中央教育審議会、高大接続システム改革会議などの諸会議や議論では、生徒たちの能力をはかるには年に複数回の受験ができる方がいい、一回だけの試験では測りきれない能力があるはずだ、もっと多様で、実践的な能力を測る方法を探ろう、といったナイーブな意見が出ていました。ところが、アドバルーンはあがっても、実際に導入可能かというとうまくいかない。名称を変えるぐらいの大改革にしようという目論見であったのに、だんだん尻すぼまりになってきた。だからこそ、大きな改革に見えるポイントだけは残したいとでも言うかのような最終案になってきました。

その眼目は三つです。すなわち、

・「英語」における民間試験の導入
・「数学」における記述式試験の導入
・「国語」における記述式試験の導入

の三種類です。「英語」では四技能を均等に評価することを目指し、なかでも試験形式にもっともなじみにくい「話すこと」（スピーキング）の能力を、民間業者による各種検定試験での結果で測るという。

「英語」の民間試験導入については、二〇一九年一一月一日、文科省より延期と見直しが発表されました。計画が公表された数年前から多くの疑問や批判が寄せられていた通りです。目的も質も異なる複数の検定試験をどうして一律の基準にあてはめることができるのか。検定試験の実施会場は当然、大都市圏に集中していますから、地域によって受検機会の偏りが生じます。検定料も別途、支払わなければなりません。抗議活動もさかんに行われました。

全国高等学校長協会は二〇一九年七月に、文科大臣宛の「大学入試に活用する英語4技能検定に対する高校側の不安解消に向けて」という要望書を提出し、「教職員をはじめ、生徒・保護者からの問い合わせにも、校長として責任ある回答ができず、説明に苦慮している」実情を訴えました。

折から、大学入試センターが認定していた試験実施団体のなかで、「TOEIC L&RおよびTOEIC S&W」という民間試験を実施する国際ビジネスコミュニケーション協会が、「大学入学共通テスト」の英語成績提供システムへの参加を取り下げることを発表しました。民間業者にしても、入試に用いる以上、公平性・正確性を期さなければならないことは百も承知しています。その分、リスクも高まります。ビジネス・チャンスとはいえ、突然の市場拡大ですから、受検者数も読めなくなりますし、全国津々浦々の会場確保もままならない。その上に大学入試センターと結ぶ契約内容に不安を抱えたからでしょう。結局、こうした不安や批判に加え、高校生まで声をあげ、文科相の失言によってついに進退きわまったのです。

「数学」や「国語」についてはどうでしょうか。記述式試験は、「センター試験」と同じマークシート式の試験問題の上に、新たに大きな問題一つを加えるかたちで導入されることになりました。これまでとまったく違う試験形式になるため、どのような試験になるか、サンプルの問題が公表され、さらに二〇一七年と一八年の二回、いずれも一一月に一部の高校生を対象とした試行調査（プレテスト）が実施されました。そしてこれらの調査で用いられた試験問題が実施後に公表されたのです。実は、これが具体案の見えない教育改革で何が求められているかを探る唯一の手がかりなのです。

「大学入学者選抜が、高等学校や大学の教育に大きな影響を与えて」いるのだとすれば、それを一変させる試験問題が今後の高等学校や大学の教育の質や内容、方向性を示唆することになります。皮肉なことに入試問題が「国語教育」のこれからを示す指標となったのです。私が前著で二〇一七年のプレテストやそれ以前に公表されていたサンプル問題を分析するという、赤本の解説者のようなことをしたのはこのためでした。

さて、それでどうだったか。つぶさにサンプル問題二つと一回目のプレテストの問題を分析し、検討した結果、いずれも入試問題として、これまでの「センター試験」の問題より劣ると結論せざるを得なかったのです。なかでも記述式試験の問題には内容、設問、解答、採点の四つともに大きな疑問符をつけざるを得ませんでした。さらにそれに加えて、旧来のマークシート式試験の問題においても、さまざまな「資料」を組み合わせて、「複数の情報を統合し、構造化する」能力を問うという厄介な課題がすべての問題にふりかかり、おそらくその強制力をはね返すことができなかったため、奇異な問題文や設問が並ぶという事態になりました。サンプルであり、モデルとなるべき、大学入試センターとしても相当に作成に力を注いだはずの試験問題で、このような結果になったのです。

†第二回プレテストの「国語」

二〇一八年一一月一〇日、土曜日の午後、「大学入学共通テストの導入に向けた試行調査（プレテスト）」が実施されました。前年の同時期に行ったプレテストの二回目にあたり、高校二年生と三年生を対象に、まず「国語」と「数学」（数学I・数学A）の試験。ついで翌一一日、今度は高校三年生のみを対象に、「数学」（数学II・数学B）、「地理歴史、公民」、「外国語」（英語）、「理科」（物理基礎・化学基礎・生物基礎・地学基礎から二科目）、「理科」（物理・化学・生物・地学から二科目）を組み合わせた試験が実施されました。一四五三校が協力し、約六万八〇〇〇人が受験したのです。

では、「国語」はどのような問題が出題されたのでしょうか。

今回も第一回プレテストと同じく、第1問から第5問まで、大きな問題が五種類でした（試験時間はセンター試験よりも二〇分増えて一〇〇分となっています）。その試験問題となった材料の内訳は以下のようになっていました。

第1問　鈴木光太郎『ヒトの心はどう進化したのか――狩猟生活が生んだもの』、正高信男『子どもはことばをからだで覚える　メロディから意味の世界へ』、川添愛『自動人形の城　人工知能の意図理解をめぐる物語』

第2問　「著作権法のイロハ」（ポスター）、「著作権法（抄）」（法律の条文）、名和小太郎『著作権2.0　ウェブ時代の文化発展をめざして』

第3問　吉原幸子「紙」（詩）、吉原幸子「永遠の百合」（エッセイ）

第4問　『源氏物語』「手習」巻、生徒と教師の会話

第5問　金谷治訳『荘子』、劉基(りゅうき)『郁離子』、生徒ABCの会話

受験生は、こうして全部で一三種類の「資料」や「文章」を読みました。ちなみに第一回のプレテストの「国語」では、全部で一二種類、ただしそのなかには文章中に表や図、写真が入っているものもあり、種類でいけばもっと多くのものがありました。問題冊子のページ数としては、同じく五二ページです。大差のない分量ですが、「センター試験」と比べると格段に増えています。

ここで取り上げるのは、第1問と第2問です。第1問は新たに導入される記述式試験の問題ですから、このプレテストにおいても目玉となるものです。そして第2問は、この間、強調されてきている「実用的」な文章を組み入れた問題文となっています。この二問に今

回のプレテストの勝敗がかかっていると見るからです。

記述式試験にあたる第1問は、前回のプレテストやサンプル問題と傾向が大きく違いました。前回までの記述式問題で中心に置かれていたのは、次のような資料でした。

サンプル問題の例1　城見市「街並み保存地区」景観保護ガイドライン
サンプル問題の例2　管理会社と交わした駐車場の契約書
第1回プレテスト　青原高校の生徒会の部活動をめぐる規約

いずれも無署名の「実用的」な文章で、問題作成委員の人たちによって創作されたものでした。ところが、今回は実験心理学の鈴木光太郎さん、霊長類のコミュニケーション研究で知られる正高信男さん、言語学の川添愛さんというそれぞれ活躍中の学者による署名入りの文章が題材にされたのです。これは予想外のことでした。のちにまとめられた大学入試センターの「問題のねらい、主に問いたい資質・能力及び小問の概要等」によれば、「実用的」な文章は第2問の出題へと移り、記述式試験と「実用的」な文章とは必ずしもペアではないと説明がなされることになりました。

そうした変更はあったものの、大量の異なる種類のテクストを読むことには変わりありません。第4問や第5問にある「生徒と教師の会話」や「生徒ABCの会話」といったオリジナルの対話形式によるテクストは、やはりサンプル問題以降に見られる、一貫した共通要素です。古典を対象にした大問でもしばしば用いられていました。それぞれの大問で取り上げられた資料をめぐって生徒と教師が議論したり、A、B、Cといった三人の生徒が資料について対話したりしている場面が、問題文以外にべつの資料として配置され、それを読んで、また設問に答えるようになっていたのです。

これらは、どういうわけか「言語活動の場面」と呼ばれています。疑似対話を「言語活動」ということにしようというわけです。こうした対話文が果たして試験問題において意味があるかどうかはひとまず問わないことにしましょう。しかし、これほどさまざまな試験にくりかえすということは、対話を入れないではおられない問題作成委員のオブセッションがあるのだと理解しておきたいと思います。

†題材選択の本気度

では、第1問を見ていきましょう。この大問は「ヒトと言語」というテーマの話から始まります。問題文の前には、このような説明がついていました。

第1問　次の【文章Ⅰ】と【文章Ⅱ】は、まことさんが「ヒトと言語」についての探究レポートを書くときに参考にしたものである。これらを読んで、後の問い（問1〜3）に答えよ。なお、解答の際に「指差し」「指さし」など、【文章Ⅰ】と【文章Ⅱ】で表記の異なる語については、どちらの表記でもよいものとする。

架空の人物である「まことさん」が登場し、二種類の文章を並べて読むという設定になっています。サンプル問題でも第一回プレテストでも、「かおるさん」や「サユリさん」、「森さん」という虚構の登場人物を媒介にして対話が展開するという奇妙な場面設定が共通要素としてくりかえされました。この奇妙なルールに拘っているのです。広い意味では「言語活動」重視の典型です。しかし、宙に浮いたような虚構の「言語活動」です。フィクションとしては、出来の悪い小説としか言いようがありません。総じて彼らが「国語」から追放しようとしている文学のなかで、もっとも低いレベルに該当しています。これが悪しき文学のサンプルなのだということを、大学入試センターも文科省も気づいていないところに大きな悲劇があります。

最初に引かれる資料は次の通りです。

【文章Ⅰ】

ヒトは、ほかの人になにかを指し示すために指差し(ポインティング)をする。驚く人もいるかもしれないが、これをするのはヒトだけである。

ほかの動物はこうした指差しをしないし、指差しの意味も理解しない。チンパンジーでさえ、野生では、指差しも手指しもすることはない。ただ、人間のもとで飼育されているチンパンジーの場合は、人間の指差しを教え込むと、その機能がわかるようにはなる。とはいえ、教え込んでも、欲しいものに手を伸ばすことはあっても、それ以外でものを指し示すために指差しをすることはほとんどないようだ。

ヒトにとってはこれがあまりに簡単な行為なので、ふだんは考えてみることもないのだが、指差しで指示されている方向とは、指差した人間からの方向である。見ている側は、その指差した人間の位置に自分の身をおかないかぎり(あるいはそれを想像しないかぎり)、指されている方向やものは特定できない(これは「他者の視点に立つ」能力とも関係している)。私たちにはこれが簡単にできるが、ほかの動物ではそうではないのだ。

ここで、ことばを用いずに、指差しも用いないで、頭や目の向きも用いないで、相手になにかを指し示したり、相手の注意をなにかに向けさせたりする状況を考えてみよう。これはきわめて難しいことがわかる（ほとんど不可能かもしれない）。それとは逆の状況を考えてみよう。ことばのまったく通じない国に行って、相手になにかを頼んだり尋ねたりする状況を考えてみよう。この時には、A指差しが魔法のような力を発揮するはずだ。なんと言っても、指差しはコミュニケーションの基本なのだ。

指差しは、ヒトでは生後11カ月頃から頻発するようになる。子どもは自分から指差しをし、またおとなが指差したものにも目を向けるようになる。指差しは、自分の関心のあるものに他者の注意を向けさせるための（「注意の共有」を喚起するための）強力な手段となる。これがいかに強力かつ自動的かは、「あっち向いてホイ」という遊びをしてみると、よくわかる。相手の指差した方向に目や顔を向けないようにすることは、頭ではわかっていても、きわめて厳しい。

最初の指差しの出現から1カ月かそれぐらいすると（1歳前後）、初語[注1]も出始め、この指差しの動作には単語がともなうことが多くなる。おそらく、こうしたB初期の指差しは、言語習得のひとつの重要な要素をなしている。

（鈴木光太郎『ヒトの心はどう進化したのか――狩猟採集生活が生んだもの』による。なお、一部表記を改めたところがある。）

（注）1　初語――乳児が初めて発する意味のある言葉。

評論文としては内容においても文章においてもとても魅力的です。これまでの記述式試験の精彩を欠いた資料よりも、さすがに知的な刺戟（しげき）に富んだ指摘が展開されています。

ほかの動物に見られないコミュニケーションの基本、それが「指差し」だと著者は言います。その「指差し」を通して、私たちは「他者の視点」を学び、強く身体反応を呼びさますようになる。コミュニケーションの基本とは単なる比喩ではなく、まさに身体にうめこまれたものを意味し、だから、無意識のうちに「指差し」の方向に目や顔を向けてしまうのだと言うのです。ここまで強い「指差し」を身につけたとほぼ同じ頃に、「言語習得」の始まりが起きる。「指差し」と「言語」の結びつきを説いたのが、最初の資料です。これを読んだとき、私は問題作成委員もようやく題材選択で本気を見せてきたなと思ったのでした。

†「指」が結ぶ三項関係

「指示」という言葉は「指」で「示」すと書く。何かを「指示」する、あるいは「指示」された対象というとき、私たちは「指差し」とともに起きる言語習得の過程を何気ない言い回しの奥に潜在的な記憶の痕跡として残しているのかもしれません。
もうひとつの資料は、やはり「指さし」に関連して、子どもと大人と指示対象という「三項関係」をめぐるものでした。

【文章Ⅱ】

単語が意味を持つとは、指示対象が存在することを表している。名詞ならば、意味する事物が外界に存在する。子どもは「リ・ン・ゴ」と教わって、「リ・ン・ゴ」といえるようになっても、音の組み合わせが、くだんの赤い果物と対応していることがわからないと、「ことば」を話せることにはならないのである。

だから言語を習得するのに、大人と子どもが対面してコミュニケートするばかりでは、不十分となってくる。一つの語彙を伝えるには、当のことばの指示対象が眼前になくてはならない。つまり指し示すものを面前にして、かつ大人と子どもがともにそれに注意を向けつつ、指示する語を伝達して初めて、ことばの意味が伝わる素地ができ上がるのだ。こういうように、周囲の大人の指示行為に理解が及ぶようになったとき、子どもは一般に、「三項関係が形成されるようになった」と発達上、呼ばれることが多い。

ただ、モデルである単語とその指示対象との対応関係の把握は、容易そうでいて実はさほどやさしい作業ではない。子どもの生活世界は、ものにあふれている。ある単語を耳にしたとき、彼らは無数の潜在的な指示対象の候補のなかから、適切な一つを選択しなければならないのである。しかも大人は、英語の先生が生徒にしてみせるように、本を手にとって"This is a book."と教えてはくれない。

おのずと子どもの方から積極的に、「コレナニ」とたどたどしくとも答えを大人に求める必要に迫られることとなる。そこで、子どもが身体的動作による指示行動を行うようになるかどうか、ということが、言語習得の上でたいへん重要な意味を持つこととなる。だから「指さし」の形成が求められることとなる。

指さしとは、外界の対象物を定位しつつ腕を伸ばして「あれ」と指し示す行動のことである。地球上のおよそ八割以上の文化内で、人は人さし指を伸展させることで指示行動として用いているといわれている。この事実から、ヒトを他の生物から分かつ特徴の一つは、自分の身のまわりにある、さまざまな事物の存在を他者に伝達しうる点にあると、古くからいわれてきた。また、単に存在を伝えるばかりではない。対象を自己と他者がともに知覚し、対象がもたらす同一のイメージを持つ機会が提供される。結果として個々人の心のなかの認識世界に、何がしか互いに分かち合い、文化と呼べるような現象が芽ばえる素地が与えられる。特定の対象への関心が共有される素地をはぐくむ点で、指さし行動の出現は発達的にエポックメーキング[注1]な出来事と考えられるのである。

（正高信男『子どもはことばをからだで覚える　メロディから意味の世界へ』による。）

（注）1　エポックメーキング――画期的。新たに一つの時代を開くようなさま。

ここで著者は、「ヒトを他の生物から分かつ特徴の一つ」を「自分の身のまわりにある、さまざまな事物の存在を他者に伝達しうる点」にあると言います。そこで指示された「事物」に特定の「語彙」が貼り付けられるのです。これはなに？　と問う子どもに、大人がこれは「リンゴだよ」と答えることで、リンゴという語彙と指示された対象の関係を飲み込むことになる。それを著者は「対象がもたらす同一のイメージを持つ機会」だと言い、双方がそのイメージを分かち合うことによって、コミュニケーションが成り立つというのです。

一方の鈴木さんは「指差し」という漢字二字を交えて記し、正高さんは「指さし」という漢字一字の表記を用いています。あえて同じに統一していないのですが、これはただ原文尊重という意図だけではないと思います。同一の表記ではない、しかし、この二つの言葉が指し示しているのは同じ行為、またそのイメージであることをさりげなく語っているのです。著者が違えば、おのずと表現も違ってきます。この二つの文章は、文体にも違いがあります。しかし、共通する主題が論じられています。これを結び合わせて考察をさせたい。少なくとも、問題文の選定において、当初、この第1問はなかなかやるじゃないかと思わせてくれました。

記述式のリスク

さて、いかにも「国語」の試験問題らしく傍線が引かれていたのは【文章Ⅰ】だけでした。その【文章Ⅰ】から最初の設問が出ています。

> 問1　【文章Ⅰ】の傍線部Ａ「指差しが魔法のような力を発揮する」とは、どういうことか。三十字以内で書け（句読点を含む）。

【文章Ⅰ】を読んだとき、いいなと思いつつも、「指差しが魔法のような力を発揮する」という部分に傍線が引かれていたので、かすかな懸念を抱いたのでした。これは「魔法のような力」という比喩の中身を尋ねただけの質問です。センターは正答率七〇%を目指した設問だと、のちに自己解説をしていますが、それにしてもかなり平易な問いです。すぐ直前の一文では、「ことばのまったく通じない国に行って、相手になにかを頼んだり尋ねたりする状況」を想像せよとありました。ここから要素をつまみ出して要約すればいいだけのことです。発表された正答の例は以下の通りでした。

例1　ことばを用いなくても意思が伝達できること。(21字)
例2　指さしによって相手に頼んだり尋ねたりできること。(24字)
例3　ことばを用いなくても相手に注意を向けさせることができること。(30字)

今回、記述式試験においては、第一回以上に、正答の条件が明確化され、その組み合わせも細かくなっています。正答の条件として、まず次の三つの要素が用意されました。

(1) 30字以内で書かれていること。
(2) ことばを用いない、または、指さしによるということが書かれていること。
(3) コミュニケーションがとれる、または、相手に注意を向けさせるということが書かれていること。

この三つの条件に照らし合わせて採点がなされたのですが、その条件の組み合わせをめぐって、四つの段階によって採点する形式が取られました。すなわち、

a　条件(1)〜(3)のすべてを満たしている解答

b　条件(2)、(3)を満たしている解答（(1)のみ満たしていない）

c　次のいずれか（(1)は満たしていても満たしていなくてもよい）
　条件(2)を満たしている解答（(3)は満たしていない）
　条件(3)を満たしている解答（(2)は満たしていない）

d　上記以外の解答、無解答

（注）正答の条件を満たしているかどうか判断できない誤字・脱字があった場合は、条件を満たしていないこととなる。

ふーむ。しかし、これに当てはまらない解答もいろいろ想像することができます。たとえば、「指差しだけで言いたいことがすべて伝わってしまうこと」（25字）と書いてあった

とします。これは条件(1)は満たしています。「指差し」に触れているのですから、条件(2)も満たしていると言っていいでしょう。しかし、「言いたいことがすべて伝わってしまう」ことと、「コミュニケーションがとれる、または、相手に注意を向けさせる」ことは同じではありません。「指差し」によって伝えられることは、コミュニケーションのなかでも内容的に限られています。ところが、この解答例では「すべて」としたので、どんなことも「指差し」で伝えられることになってしまいますから、正答にはなりません。そのときbではないが、cでもない解答に、どのような減点を行うか。判断の微妙に分かれるところです。

では、「ことばよりも指差しの方がコミュニケーションしやすいこと」(27字)だとどうでしょう。条件(1)、(2)、(3)のそれぞれと照合すると、条件を満たしてはいます。しかし、「ことば」と「指差し」の比較が論点ではありません。コミュニケーションしやすいかどうかも話題の中心ではないのです。つまらない、勝手な解答例をあげて困らせているだけでしょうか。実は記述式試験はこれだから厄介なのです。どのような解答が飛び出してくるか、予測がつかない。出て来たところで、検討し、その解答がどの段階の点数かを決めて採点します。手間もかかるし、不確定要素が出て来る。

このような平易な設問でも、そうしたリスクはつきまといます。正答率七五・七%だから良かったとは言えません。残りの約二四％のなかにどのような解答があったのか、七五・七％のなかに右のような偏差がまぎれ込んでいなかったかどうか。検証できかねるのがこの試験の難点です。しかも、受験生は終了後の点検で、自分の解答が例の1〜3のどれにも当てはまらず、条件(1)〜(3)でどれに当たるか、判断がつかない危険性もあります。自己採点と誤差が生じてしまう。実際の入学試験となったとき、記述式はやはり大きな採点リスクを負っているのです。

†論点整理の矛盾

二番目の設問はこのような不思議な問いです。

> 問2　「ヒトはどのように言語を習得していくのか」という問題について考えを進めたまことさんは、【文章Ⅰ】の傍線部B「初期の指差しは、言語習得のひとつの重要な要素をなしている」ことについて、【文章Ⅱ】に詳しく述べられていることに気付いた。そこで、【文章Ⅱ】の内容を基に、子どもが「初期の指差し」によって言語を習得しようとする一般的な過程を次のようにノートに整理してみた。その過程が明らかになるように、空欄に当てはまる内容を四十字以内で書け（句

読点を含む)。

「まことさん」のノートに整理したことを想像しながら考えよという設問です。【文章Ⅰ】の言葉を借りると、「まことさん」という「他者の視点」に立ってみて考えようというわけですが、何のためにそういう想像が必要なのか、まったくよく分かりません。そんなことをしなくても、「初期の指差しは、言語習得のひとつの重要な要素をなしている」という指摘について、【文章Ⅱ】の内容を基に、次のノートの空欄に言葉を入れて、「子どもが「初期の指差し」によって言語を習得しようとする一般的な過程」を「四十字以内」にまとめなさい、という質問でも十分なはずです。よくよく余計な迂回をへて、受験生をはぐらかすことが好きなんだとしか思えません。これも問題作成委員に課された命令のひとつと考えられます。

【初期の指差しと言語習得】

ある単語を耳にする。

↓

子どもは無数の候補の中から適切な一つを選ぶ必要が生じる。

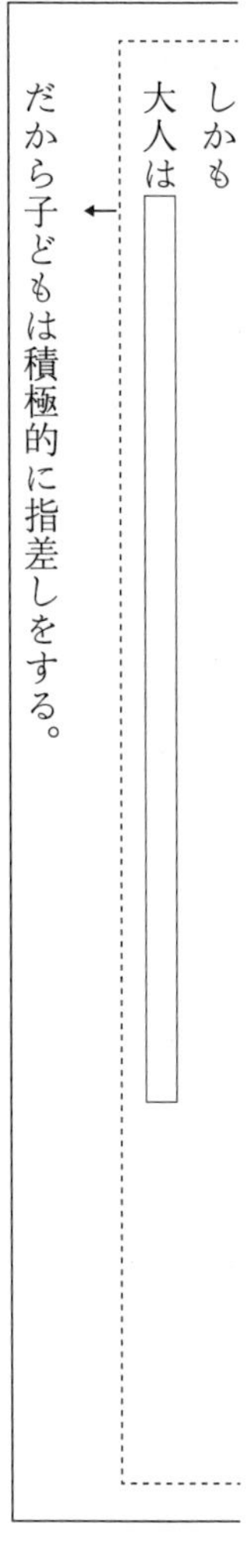

しかも
大人は
だから子どもは積極的に指差しをする。

これが「まことさん」のノートです。基本は教師の板書と同じです。【資料Ⅱ】のなかで「大人」という言葉は四箇所出て来ます。その三つ目に、「大人は、英語の先生が生徒にしてみせるように、本を手にとって“This is a book.”と教えてはくれない」という一文があります。これを言い換えれば正答にたどりつく。一見するかぎり、これもたいへん平易な設問だと言えます。

発表された正答は以下のとおりです。

例1　（大人は）自分から指示対象を指し示して、単語との対応関係を教えてはくれない。（33字）

例2　（大人は）適切な対象を手にとって「これが単語に対応するものだ」と教えてはくれない。（36字）

例3　（大人は）英語の先生がするように、本を手にとって「これが本だ」と教えてはくれない。（36字）

例1が抽象度が高いのに比べると、例3にいたっては、本文の"This is a book."を日本語訳しただけです。あまりにも単純です。しかし、「これが本だ」ではなく、"This is a book."とそのまま書き写していたらどのような点数にしましょうか。英語のアルファベットは文字数にカウントできないとしますか。しかし、内容的には例3とまったく違っていないのです。

正答の条件はやはり三つになっています。

(1) 40字以内で書かれていること。
(2) （大人は）教えてはくれないということが書かれていること。
(3) 指示対象と単語との対応関係が書かれていること。

そしてこの条件三つをめぐって、先の問1と同じような、段階による採点を行ったとありました。少なくともこれなら、"This is a book."であっても間違いにはできません。また、指示対象と単語との対応をそのような抽象的概念で記さず、すべて他の具体例で書いたらどうするのでしょう。「本を手にとって「これが本だ」と教えてはくれない」というのも正解だとしたら、リンゴを手に取ってこれがリンゴだと教えてくれない、という答えでも間違ってはいないことになります。

しかし、実際の採点結果は、正答率四八・五%でした。条件(2)か(3)かだけだったものが四〇・九%、無解答かまったくの誤答が一〇・六%だったそうです。なぜ、こんなに低いのかは検証の必要があります。論理的な関係が読み取れていないのだと決めつけるのはまだ早すぎます。「まことさん」の視点を想像するという、あまり意味のない手続きや、ノートに書きつけた論旨の空欄をうめるという設定の理解に戸惑ったことも考えられます。

この設問は、「しかも」や「だから」といった接続詞を用いることで、前後の文の論理的な関係を捉えさせようとしたと推測されますが、実際には「大人は」という言葉の使用箇所を調べて、照応させれば簡単に正解に至ることができたのです。そこに論理的な思考は特段の必要がなかったことも押さえておかなければなりません。

†複雑な条件はなぜ必要か

いよいよ記述式試験の最後の設問です。前回もこの三問目はもっとも文字数が多く、ぶれの大きく出てしまう設問になっていました。

問3　「ヒトの指差し」と指示語についても考えたまことさんは、次の【資料】を見つけ、傍線部「指さされたものが、話し手が示したいものと同一視できないケース」があることを知った。まことさんは、「話し手が地図上の地点を指さす」行為もこのケースに当てはまることに気付き、【文章Ⅰ】と【文章Ⅱ】に記された「指差し」の特徴から、なぜ「同一視できないケース」でも「話し手が示したいもの」を理解できるのかについての考えをまとめることにした。まことさんは、どのようにまとめたと考えられるか。後の(1)〜(4)を満たすように書け。

【資料】

「話し手が何を指しているか」を明確に示すには、「あれ」「これ」「それ」のような指示詞(注1)や、「あの」「この」「その」を伴う一般名詞を使って、いわゆる「指さし」のジェスチャーを伴わせるのが有効です。しかし現実には、そうやって指さされたものが、話し手が示したいものと同一視できないケースがいくつかあります。一つには、指さしによって示されたものが、それ自体、文字や写真など

「何かを表すもの」である場合です。たとえば、レストランのメニューに載っている料理の名前、あるいは料理の写真を指さして「これにしよう」と言った場合、「これ」で指示されているのは指さしの直接の対象である文字や写真そのものではなく、文字や写真が表している料理です。

（川添愛『自動人形（オートマトン）の城　人工知能の意図理解をめぐる物語』による。）

（注）1　指示詞――「指示語」のこと。

(1)　二つの文に分けて、全体を八十字以上、百二十字以内で書くこと（句読点を含む）。

(2)　一文目は、「話し手が地図上の地点を指さす」行為が「指さされたものが、話し手が示したいものと同一視できないケース」であることを、【資料】に示されたメニューの例に当てはめて書くこと。

(3)　二文目は、聞き手が「話し手が示したいもの」を理解できる理由について書くこと。ただし、話し手と聞き手が地図の読み方について共通の理解をもっているという前提は書かなくてよい。

(4) 二文目は、「それが理解できるのは」で書き始め、「からである。」という文末で結ぶこと。

さて、どうでしょうか。突然、分かりにくくなりましたね。また、「まことさん」の視点に立つことが求められます。彼はこの【資料】を読んで、【文章Ⅰ】と【文章Ⅱ】をつないで考えをまとめることになったのです。「複数の情報の統合と構造化」という課題がいちばん発揮される問いだということが分かります。しかし、二種類の文章を読むだけでもたいへんなのに、ここで新たな文章をまた読んだ上で考えなければならない。漢字表記の違いとか、文体の個性とかは気にしていられません。論点だけをぱっと把握して、飛び越えて考えることが求められているのがよく分かります。しかも「地図」を指差す話というのは、どの文章にも資料にもありません。「まことさん」が急に思いついたという発想で問いが組み立てられているのです。複雑すぎる設問で、問われていることを理解するのにまず数分かかりそうです。

†記述式試験の長所が消えた

資料となった川添愛さんの『自動人形の城　人工知能の意図理解をめぐる物語』という

本はたいへん面白い本で、ＡＩと言語をめぐる問題を扱っているものですが、じつはメインは副題にあるとおり、架空の王国の王子さまが侍女や家来たちを魔法で自動人形にされてしまって起きるコミュニケーションのくいちがいをめぐる物語です。ルイス・キャロルの『不思議の国のアリス』を下敷きにしているような物語と考えて下さい。川添さんは自然言語処理を扱う言語学者ですが、その言語学の観点からＡＩと人間の差異と共通点について研究されている方だそうです。そういう言語学者の書いた完璧なフィクションが本書です。その巻末にこの物語をめぐる解説がついていて、出題されたのはこの解説の一部からでした。

ですから、この本の面白いところ、優れたところは全部すっ飛ばして、「指さし」に関するところだけを抽出した、とも言えます。そういう使い方がいいかどうかと言えば、あまり推奨する気持ちにはなれません。著者に対する、あるいはその著作に対する敬意が感じられないからです。しかし、それはひとまず措きましょう。設問が整っていれば目をつぶってもいい。

(1)から(4)にわたる解答の条件をご覧ください。(1)は文字数の条件。一転して、(2)はわかりにくい文章です。ひとつの文のなかにいろいろなことをギュッとつめこみすぎているからです。まず「話し手が地図上の地点を指さす」行為について、「指さされたもの」と

「話し手が示したいもの」とが同じでないケースとして考えましょう。たとえば交番と交番の地図上のマークは同じではありません。にもかかわらず、話し手が地図上のマークを指差せば、ああ交番に行きたいんだなと聞き手には伝わります。どうしてそうなるのかが設問の核心です。しかし、「メニューの例に当てはめて」という言い回しは、何をどう当てはめるのか、分かりにくい。一瞬、メニューにたとえて解答するのかなと誤解したほどです。

(3)と(4)は二文目についての条件ですが、(3)の「ただし」以下のところで目が点になりました。たとえば、話し手が「地図上の地点」、交番を指したとします。そこにあるのはただの交番のマークになるはずですが、聞き手はそれを、「ああ、それは何丁目の角にある交番だな」と分かった。それには少なくとも最低、地図記号の種類やルールを知っていないといけない。「話し手と聞き手が地図の読み方について共通の理解をもっている」ことが、互いのコミュニケーションの大前提だからです。しかし、それは除くと条件づけています。

たぶん、それは【文章Ⅰ】と【文章Ⅱ】で論じられていることに近づけなければならないからでしょう。つまり、その設問を通して、問い自体に向き合って考えさせることよりも、複数の資料をまたいで答えを見つけさせることに目的があるのです。そのために複雑な条件が用意されている。条件を設けることで、いろいろな可能性を考えることをあらかじめふさいでしまう。これでは記述式試験のもつ長所がすっかり台なしになってしまいます。ねじれた設問と言わざるを得ません。

†正答の幅が狭すぎる

では、大学入試センターが発表した問3の正答は、どうなっていたでしょうか。やはり、ここでも三つの例があがっていました。

例1　話し手が地図上の地点を指さすことで、指示されているのは地図そのものではなく、地図が表している場所であることが聞き手には理解できる。それが理解できるのは、他者の視点に立つ能力があるからである。(95字)

例2　地図上の地点を指差して「ここに行きたい」と言った場合、「ここ」が示しているのは地図の実際の場所である。それが理解できるのは、指さした人間の位置に身を置くことで、指さされた人間が指さした人間と同一のイメージをもつことが可能になるからである。(119字)

例3　地図上の地点を指差して「ここに駅がある」と言った場合、「ここ」が示しているのは地図に対応している実際の駅である。それが理解できるのは、指さされた人間が指さした人間の視点に立つことで、実際に示したいものを想像するからである。（111字）

さて、どうお思いでしょうか。例1では「他者の視点に立つ」ことができた、例2では「指さした人間の位置に身を置く」ことで「同一のイメージ」を抱くことができた、例3では「指さされた人間が指さした人間の視点に立つ」ことができたというのが答えのポイントです。みな、同じ要素を抱えた正答例です。

まず【文章Ⅰ】の鍵になる一文を抜き出すとすると、「指差しは、自分の関心のあるものに他者の注意を向けさせるための（「注意の共有」を喚起するための）強力な手段となる」というところになるでしょう。「注意の共有」という言葉にとりわけ注意を共有すべきです（ダジャレではありません）。【文章Ⅱ】の鍵となるのは、最後のところ、「対象を自己と他者がともに知覚し、対象がもたらす同一のイメージを持つ機会が提供される。結果として個々人の心のなかの認識世界に、何がしか互いに分かち合い、文化と呼べるような現象が芽ばえる素地が与えられる」という二文に注意を向けましょう。結びの一文には、「特定の対象」に向けた「関心」の「共有」という言葉もあり、「指差し」行為が言葉の獲得につながる過程があざやかに語られています。

しかし、ちょっと待ってください。それは「他者の視点」に立つことでしょうか。「ともに知覚」すること、「互いに分かち合い」という言葉はあります。「共有」もある。でも、それは「指さした人間の位置に身を置く」ことと同じでしょうか。視点に立つことよりも、まずは地図の記号という「言語」を獲得していたから共有できたのではないでしょうか。

この微妙な違いは気になるところです。記号であれ、イメージであれ、それがある対象を示すものとして設定される、そうした「言語」ないし「言語」に準じた手段を獲得できたから、話し手の「意図」を想像して理解することができた。そこまでは分かります。しかし、それは「他者の視点」に立ったからではありません。「他者の視点」はどうやっても分からない。何のために交番に行くのか、写真の料理をほんとうに食べたいのかどうかは分からない。たしかに鈴木さんの文章には「『他者の視点に立つ』能力」という言葉はありました。ただし、それは「言語」に当てはまるような関係のコードを身につけ、「指さし」のコミュニケーションの体験があったから、「『同一視できないケース』でも「話し手が示したいもの」を理解できる」ようになったのです。

川添さんの本をよく読むと、「他者の視点」に立つというようなことは一切、言っていません。いや、そもそものような観点を排することで考え抜こうとした本ですから、この問題作成委員は著作の「意図」をまったく理解できていないと言えます。川添さんは機械による言語処理と人間の自然言語処理の差をとりあげ、機械に同じことをさせようとするとどういう手続きが必要かを考えることで、人間の「言語」能力のしくみを見極めようとしています。

たとえば、川添さんは「よくできる人」の行動という面白い課題を設定し、その行動を決めているのは「指示者の言った内容を聞くのではなく、「指示者が何をもっとも重視しているのか」を推測し、その大原則が達成できるように行動を選択できる」ことをあげています。一見すると、「他者の視点」に立つと言っているように読めます。ところが、すぐあとでそのようなことは「もちろん、万人にできるようなことではありません」と言い切っています。「このような判断を可能にするには、指示者との間で価値観を共有する必要がありますが、そのようなものは目に見えないですから、結局は自分自身の価値観に照らして推測するしかありません」とも書いています。おやおや、ですよね。

「自分自身の価値観に照らして推測する」ことと、「他者の視点に立つ」ことのあいだは近いように見えますが、深い隔たりがあります。ここを読んでいたら、あの正答は作れない。1から3までの正答例は、いずれも「他者の視点」に立つことのむずかしさ、絶対的な壁を見ることなく、いかにも爽やかに、校長先生の訓示で「思いやりをもちなさい」と言っているかのような軽々しさをまとっています。完全に間違っていますとまでは言いませんが、いい設問ですねとは到底、言えない。少なくとも、私がこれまで関わってきた高校の「国語」は、こうした微細な言葉の差異のなかに、大きな真実が潜んでいることを示唆する教科でした。

とすれば、条件(3)の「ただし」以降は不要だったのです。そして、そこにこそ正答に近い要素が含まれていたのです。その要素を削ったのは、言うまでもなく、採点作業を単純化したかった、複数の資料をまたいで情報の統合や構造化らしく見える解答にしなければならなかったからに違いありません。まったく、この設問は本末転倒を起こしていたのです。

†テストは所詮テストである

「大学入学共通テスト」を推進している人たちは、記述式試験について、どうも過剰な思い入れがあるように思います。たしかに、マークシート式ならば、四つか五つの選択肢のなかから一つを選ぶだけです。鉛筆をころがしてマークするのだって、四分の一か五分の一の確率で正答にたどりつく可能性がある。それで人間の能力をはかることができるのか。

教育再生実行会議や中央教育審議会などの報告書を見ると、そのような意見が漏れ伝わってきます。しかし、それはテストというものを作ったことがない、採点をしたこともない人たちによる、素人の発言にすぎません。「国語」の記述式試験をこれまで作り、採点してきたものであれば、その短所も長所も分かります。同じようにマークシート式の試験にしても、その設問や選択肢においてどれだけ思索をめぐらし、どのような工夫を凝らしてきたか。経験者たちには分かっているはずです。とりわけ、素材となる文章を読み込み、どこに問いを設けるべきか、どのような設問の組み立てによって、どのようにこの文章が読めるようになるか、そうした精読者たる受験生を想像しながら、問題を作ってきたのです。

記述式試験にはたしかにマークシート式にはない長所があります。しかし、その場合、採点は限られた数の生徒と、限られた数の、信頼感ある採点者の集団であることが欠かせません。五八万人を対象に一万人が採点することなど、あってはならない。それは記述式試験への冒瀆であり、その形式で可能なことをないがしろにすることだと思います。

テストは所詮テストです。テストはその生徒たちの能力のせいぜい一部しかはかることはできない。記述式試験ではかることのできる能力は、マークシート式と同じではないですが、それもやはり一部にすぎません。そしてテストは所詮テストにすぎないという、ある種の断念に立ち、同時にその範囲のなかで、徹底して正確さと公平性を期するのが、試験問題を作成するプロフェッショナルの矜持です。もちろん、出題のミスや過ちは簡単になくせません。人間が作ることであり、同時に季節労働のルーティンだからです。長くこうした業務に携わってきた人は、大小さまざまな限界を感じてきただろうと思います。そして、その限界を最小限にすることに最大のエネルギーを注いできたのです。

今回のプレテストを含む「大学入学共通テスト」のプランには、そうした大人の常識に欠けるところがあります。おそらく一〇人から二〇人くらいの集団がこの問題作成に関わっているはずです。そのベテランたちを迷わせているものがあるとしたら、それは「大学入学共通テスト」はこうでなければならないという絶対的な命令があるからです。テストは所詮テストである、だからこそという気概を、目に見えないベールの向こう側にいる作成委員の人たちにほんとうは期待したいと思います。

第2章

複数の資料が泣いている——プレテスト第2問の分析

†法と契約の言説

これまでのサンプル問題やプレテストで、一貫して「実用的」な文章に「法」や「契約」の文章がとりあげられていたことについては、先に紹介しました。四種類のパターン全てに共通するということは、「大学入学共通テスト」に託した文科省・大学入試センターの特定のメッセージととるべきだと思います。すなわち、公共の「実用的」な場面において、「法」や「契約」、「規約」が中核をなし、それをどのように理解し、運用するかという考え方が「言語活動」の場においてとりわけ重要であり、今後の教育に欠かせないと言いたいのでしょう。

こうした文章類をひとまず「法と契約の言説」と呼ぶとしましょう。この「法と契約の言説」は、以下のような関連資料を周囲にちりばめながら、問題文を構成しています。

城見市「街並み保存地区」の略図
城見市「街並み保存地区」景観保護ガイドラインのあらまし
市の説明会から帰宅したかおるさんの父と姉の会話
ある会社による「街並み保存地区」活性化に向けた提案書（以上、サンプル問題1）

駐車場使用契約書
サユリさんと管理会社の値上げをめぐる交渉
新たな管理会社の契約書（以上、サンプル問題2）

生徒会部活動規約
生徒会執行部会の会話
部活動に関する生徒会への主な要望
市内五校の部活動の終了時間調査
高校新聞「青高生の主張」の抜粋（以上、プレテスト1の第1問）

「著作権のイロハ」と題されたポスター
「著作権法」の抄録
著作権法を論じた図表入りの論説文（以上、プレテスト2の第2問）

来週までにこれらの資料を読み込んでレポートを作成しなさいというのであれば理解で

きます。また大学によって二次試験を行っているところで、これらをもとに小論文を作成するのであればまだ納得できるでしょう。しかし、「大学入学共通テスト」では、本来の試験時間から増えた二〇分間で向き合う試験問題がこれなのです。「情報」を「多面的・多角的」に精査し「構造化」するという名目ではありますが、しっかり、じっくり考えさせるというより、次の会議までに急きょ、資料作成を命じられた事務職員のような仕事をさせようとしているようなものです。

†不都合な情報はオミットせよ

こうした特徴は、学習指導要領の改訂において、「実用性」を強調し、これまでの国語教科書の定番教材を一掃するという「現代の国語」や「論理国語」を中心とした教科「国語」の科目編成とも符牒が合っています。少なくとも、第二回プレテストの論説文を除くと、いずれも、おそらく問題作成委員たちが書いた無署名の文章群から構成されています。文科省では、しばしば小学校・中学校の「国語」教科書が高校よりも適切に学習指導要領に従っているという発言が出て来ますが、まさに小中学校の教科書にはこうした無署名の、教科書向けに作成された文章が多く取り入れられていました。

こうした方針に即したサンプル問題やプレテストの問題では、「法と契約の言説」を中心とした文書の「ことば」を読み取り、現実のさまざまな場面に照らし合わせて、どのルールをどの場面に適合させるか、ルールとルールのあいだをいかにかいくぐるかに焦点が当てられています。しかし、そのルールの「ことば」の特性や問題点、「ことば」として適切かどうかはほとんど問われていません。

たとえば、二〇一七年五月のサンプル問題1では、架空の市の「景観保護ガイドラインのあらまし」が資料の一つとなりました。その詳細は前著に紹介し、分析を加えています。この自治体のガイドラインに即して、登場人物たちがどう考えるかが問題の焦点となるのですが、ガイドラインに法的拘束力があるかどうかはまったく視野の外に置かれています。

しかも、これはその自治体が発行したチラシでしかありません。サンプル問題と合わせて発表された「Ⅱ 記述式問題のモデル問題例と評価することをねらいとする能力について（国語）」という大学入試センター作成の解説には、「大問全体の出題のねらい」として、「架空の行政機関が広報を目的として作成した資料等を題材として用い、題材について話し合う場面や異なる立場からの提案書などを検討する言語活動の場を設定することにより、テクストを場面の中で的確に読み取る力、及び設問中の条件として示された目的等に応じて表現する力を問うた」と書かれていました。つまり「広報を目的として作成した資料」に過ぎないのです。

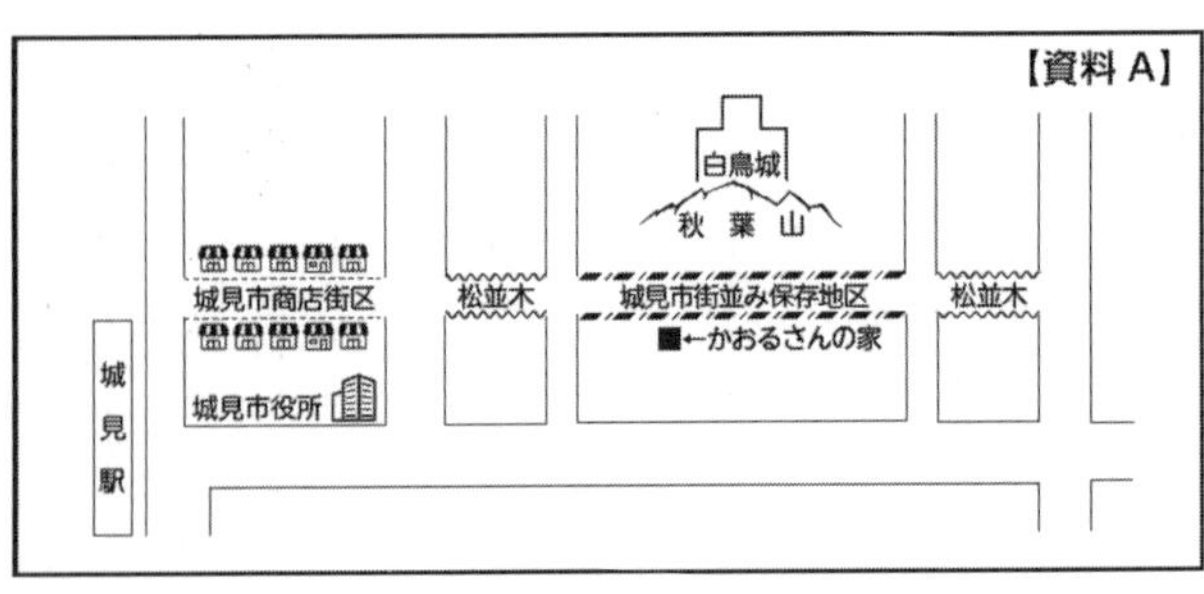

景観保護については、二〇〇四年に景観法が制定され、従来の条例では弱かった自治体の強制力に法的な根拠を与えることになりました。これによって自治体は、特定の地域をそれまでの美観地区という呼称から景観地区に移行して、規制を強化できるようになったのです。「建築物等の形態意匠の制限」が必須事項となったのはその一例です。しかし、これには「準景観地区」という前段階のクラスもあります。その市のスケールや人口によっても強制力は異なります。したがって、かおるさんやその父、姉の住む城見市がどのような条件のもとにあるかは重要な情報になるはずです。ところが、そうした情報は提供されていません。「複数の情報の統合と構造化」が課題であるはずなのに、つごうのいい情報は並ぶが、つごうの悪い情報はオミットしてしまう。これは情報収集能力の育成という観点から見ても、欠陥があるのではないでしょうか。

地図の読解という観点からしても、サンプル問題1で掲げられた【資料A】は果たして地図と呼べるでしょうか。「城見市街並み保存地区」と題されているが、いわゆる「地理」で学ぶところの地図とは異なり、きわめて大雑把な概念図、略図に過ぎません。果たして、これで統合し、構造化する「資料」と言えるかどうか。言うまでもないですが、この図は、中学や高校で学ぶ「地理」、新しい指導要領によれば「地理総合」となる科目で学ぶ地図の記号の様式ともまったく異なっています。

本来であれば、ここで考察しなければならないこうした条件についての情報は一切棚上げにされているのです。資料を複数化して、実際の社会にある複雑な現実を再現したつもりなのかもしれませんが、実はかなり抽象化された設定で、現実から遊離しています。あくまでも限定されたフィクションのなかで、論理だけをたどろうというのですが、その際、肝心の「法と契約の言説」とその前提に問いは向かっていかないのです。

「著作権」について考える

こうした問題点がよりはっきりと露呈したのが、二回目のプレテストの第2問です。このとき、一回目のプレテストの第1問にあった実用的な文章と記述式試験という評判の悪い組み合わせが切り離されました。第1章で見たように、これまで無署名の「実用的」な文章が素材だった記述式問題は、著者名のある評論三篇を組み合わせた問題文に代わりました。そして交代するかのように、マークシート式試験の大問の一つに、「実用的」な文章を挟み込むという切り替えが行われたのです。

ここで問題文を構成したのが、【資料Ⅰ】「著作権のイロハ」と題されたポスター、【資料Ⅱ】著作権法の条文の抄録、そして【文章】名和小太郎『著作権2.0 ウェブ時代の文化発展をめざして』(NTT出版ライブラリー、二〇一〇年六月)の一部でした。名和さんの文章には引用箇所だけでも三つの表が入っていて、受験者は実際にはもっと多くの種類の異なる資料を読み込むことになっていました。

まず、「著作権のイロハ」と題されたポスターおよび著作権法の条文の抄録を掲げます。

【資料Ⅰ】

著作権のイロハ

著作物とは（「著作権法」第二条の一より）

☑「思想または感情」を表現したもの
☑思想または感情を「創作的」に表現したもの
☑思想または感情を「表現」したもの
☑「文芸、学術、美術、音楽の範囲」に属するもの

著作物の例

言語	音楽	舞踏・無言劇	美術	地図・図形
・小説 ・脚本 ・講演　等	・楽曲 ・楽曲を伴う歌詞　等	・ダンス ・日本舞踊 ・振り付け　等	・絵画 ・版画 ・彫刻　等	・学術的な図面 ・図表 ・立体図　等

著作権の例外規定（権利者の了解を得ずに著作物を利用できる）

〈例〉市民楽団が市民ホールで行う演奏会

【例外となるための条件】

a

【資料Ⅱ】

「著作権法」(抄)

(目的)

第一条　この法律は、著作物並びに実演、レコード、放送及び有線放送に関し著作者の権利及びこれに隣接する権利を定め、これらの文化的所産の公正な利用に留意しつつ、著作者等の権利の保護を図り、もつて文化の発展に寄与することを目的とする。

(定義)

第二条　この法律において、次の各号に掲げる用語の意義は、当該各号に定めるところによる。

一　著作物　思想又は感情を創作的に表現したものであつて、文芸、学術、美術又は音楽の範囲に属するものをいう。

二　著作者　著作物を創作する者をいう。

三　実演　著作物を、演劇的に演じ、舞い、演奏し、歌い、口演し、朗詠し、又はその他の方法により演ずること(これらに類する行為で、著作物を演じないが芸能的な性質を有するものを含む。)をいう。

(技術の開発又は実用化のための試験の用に供するための利用)

第三十条の四　公表された著作物は、著作物の録音、録画その他の利用に係る技術の開発又は実用化のための試験の用に供する場合には、その必要と認められる限度において、利用することができる。

(営利を目的としない上演等)

第三十八条　公表された著作物は、営利を目的とせず、かつ、聴衆又は観衆から料金(いずれの名義をもつてするかを問わず、著作物の提供又は提示につき受ける対価をいう。以下この条において同じ。)を受けない場合には、公に上演し、演奏し、上映し、又は口述することができる。ただし、当該上演、演奏、上映又は口述について実演家又は口述を行う者に対し報酬が支払われる場合は、この限りでない。

(時事の事件の報道のための利用)

第四十一条　写真、映画、放送その他の方法によつて時事の事件を報道する場合には、当該事件を構成し、又は当該事件の過程において見られ、若しくは聞かれる著作物は、報道の目的上正当な範囲内において、複製し、及び当該事件の報道に伴つて利用することができる。

†名和小太郎『著作権2.0』

問題文の中心となったのは、ウェブ時代の著作権の変化について論じた名和さんの文章です。重要な問題文ですので、これをそのまま引用してみましょう。

【文章】

著作者は最初の作品を何らかの実体——記録メディア——に載せて発表する。その実体は紙であったり、カンバスであったり、空気振動であったり、光ディスクであったりする。この最初の作品をそれが載せられた実体とともに「原作品」——オリジナル——と呼ぶ。

著作権法は、じつは、この原作品のなかに存在するエッセンスを引き出して「著作物」と定義していることになる。そのエッセンスとは何か。A記録メディアから剝がされた記号列になる。著作権が対象とするものは原作品ではなく、この記号列としての著作物である。

論理的には、著作権法のコントロール対象は著作物である。しかし、そのコントロ

キーワード	排除されるもの
思想または感情	外界にあるもの（事実、法則など）
創作的	ありふれたもの
表現	発見、着想
文芸、学術、美術、音楽の範囲	実用のもの

表1　著作物の定義

ールは著作物という概念を介して物理的な実体——複製物など——へと及ぶのである。現実の作品は、物理的には、あるいは消失し、あるいは拡散してしまう。だが著作権法は、著作物を頑丈な概念として扱う。

もうひと言。著作物は、かりに原作品が壊されても盗まれても、保護期間内であれば、そのまま存続する。また、破れた書籍のなかにも、音程を外した歌唱のなかにも、存在する。現代のプラトニズム、とも言える。

著作物は、多様な姿、形をしている。繰り返せば、テキストに限っても——そして保護期間についてはを眼をつむれば——それは神話、叙事詩、叙情詩、法典、教典、小説、哲学書、歴史書、新聞記事、理工系論文に及ぶ。いっぽう、表1の定義に合致するものを上記の例示から拾うと、もっとも適合するものは叙情詩、逆に、定義になじみにくいものが理工系論文、あるいは新聞記事ということになる。理工系論文、新聞記事には、表1から排除される要素を多く含んでいる。

ということで、著作権法にいう著作物の定義は叙情詩をモデルにしたものであり、したがって、著作権の扱いについても、その侵害の有無を含めて、この叙情詩モデルを通しているのである。それはテキストにとどまらない。地図であっても、伽藍（がらん）であっても、ラップであっても、プログラムであっても、それを叙情詩として扱うのである。

だが、ここには無方式主義[注1]という原則がある。このために、著作権法は叙情詩モデルを尺度として使えば排除されてしまうようなものまで、著作物として認めてしまうことになる。

叙情詩モデルについて続ける。このモデルの意味を確かめるために、その特性を表2として示そう。比較のために叙情詩の対極にあると見られる理工系論文の特性も並べておく。

B 表2は、具体的な著作物――テキスト――について、表1を再構成したものである。ここに見るように、叙情詩型のテキストの特徴は、「私」が「自分」の価値として「一回的」な対象を「主観的」に「表現」として示したものとなる。逆に、理工系論文の特徴は、「誰」かが「万人」の価値として「普遍的」な対象について「客観的」に「着想」や「論理」や「事実」を示すものとなる。

	叙情詩型	理工系論文型
何が特色	表現	着想、論理、事実
誰が記述	私	誰でも
どんな記述法	主観的	客観的
どんな対象	一回的	普遍的
他テキストとの関係	なし（自立的）	累積的
誰の価値	自分	万人

表2　テキストの型

話がくどくなるが続ける。二人の詩人が「太郎を眠らせ、太郎の屋根に雪ふりつむ。」[注2]というテキストを同時にべつべつに発表することは、確率的に見てほとんどゼロである。このように、叙情詩型のテキストであれば、表現の希少性は高く、したがってその著作物性——著作権の濃さ——は高い。

いっぽう、誰が解読しても、特定の生物種の特定の染色体の特定の遺伝子に対するＤＮＡ配列は同じ表現になる。こちらの著作物性は低く、したがって著作権法のコントロール領域の外へはじき出されてしまう。その記号列にどれほど研究者のアイデンティティが凝縮していようと、どれほどコストや時間が投入されていようと、どれほどの財産的な価値があろうとも、である。じつは、この型のテキストの価値は内容にある。その内容とはテキストの示す着想、論理、事実、さらにアルゴリズム[注3]、発見などに及ぶ。

多くのテキスト——たとえば哲学書、未来予測シナリオ、歴史小説——は叙情詩と理工系論文とを両端とするスペクトル[注4]のうえにある。その著作物性については、そのスペクトル上の位置を参照すれば、およその見当はつけることができる。

表2から、どんなテキストであっても、「表現」と「内容」とを二重にもっている、という理解を導くこともできる。それはフェルディナン・ド・ソシュール[注5]の言う「記号表現」と「記号内容」に相当する。叙情詩尺度は、つまり著作権法は、このうち前者に注目し、この表現のもつ価値の程度によって、その記号列が著作物であるのか否かを判断するものである。ここに見られる表現の抽出と内容の排除とを、法学の専門家は「表現/内容の二分法」と言う。

いま価値というあいまいな言葉を使ったが、およそ何であれ、「ありふれた表現」でなければ、つまり希少性があれば、それには価値が生じる。著作権法は、テキストの表現の希少性に注目し、それが際立っているものほど、そのテキストは濃い著作権をもつ、逆であれば薄い著作権をもつと判断するのである。この二分法は著作権訴訟においてよく言及される。争いの対象になった著作物の特性がより叙情詩型なのか、そうではなくてより理工系論文型なのか、この判断によって侵害のありなしを決めることになる。

著作物に対する操作には、著作権に関係するものと、そうではないものとがある。

利用目的＼著作物		固定型	散逸型	増殖型
そのまま		展示	上映、演奏	—
複製		フォトコピー	録音、録画	デジタル化
移転		譲渡、貸与	放送、送信、ファイル交換	
二次的利用	変形	翻訳、編曲、脚色、映画化、パロディ化 リバース・エンジニアリング（注6）		
	組込み	編集、データベース化		

表3 著作物の利用行為（例示）

前者を著作権の「利用」と言う。そのなかには多様な手段があり、これをまとめると表3となる。「コピーライト」という言葉は、この操作をすべてコピーとみなすものである。その「コピー」は日常語より多義的である。

表3に示した以外の著作物に対する操作を著作物の「使用」と呼ぶ。この使用に対して著作権法ははたらかない。何が「利用」で何が「使用」か。その判断基準は明らかでない。

著作物の使用のなかには、たとえば、書物の閲覧、建築への居住、プログラムの実行などが含まれる。したがって、海賊版の出版は著作権に触れるが、海賊版の読書に著作権は関知しない。じつは、利用や使用の事前の操作として著作物へのアクセスという操作がある。これも著作権とは関係がない。

このように、著作権法は「利用／使用の二分法」も設けている。この二分法がないと、著作物の使用、著作物へのアクセスまでも著作権法がコントロールすることとなる。このときコントロールは過剰となり、正常な社会生活までも抑圧してしまう。たとえば、読書のつど、居住のつど、計算のつど、その人は著作者に許可を求めなければならない。ただし、現実には利用と使用との区別が困難な場合もある。

（注）1　無方式主義――著作物の誕生とともに著作権も発生するという考え方。
2　「太郎を眠らせ、太郎の屋根に雪ふりつむ。」――三好達治「雪」の一節。
3　アルゴリズム――問題を解決する定型的な手法・技法や演算手続きを指示する規則。
4　スペクトル――多様なものをある観点に基づいて規則的に配列したもの。
5　フェルディナン・ド・ソシュール――スイス生まれの言語学者（一八五七～一九一三）。
6　リバース・エンジニアリング――一般の製造手順とは逆に、完成品を分解・分析してその仕組み、構造、性能を調べ、新製品に取り入れる手法。

だいぶ長い引用になりましたが、主旨は理解できたでしょうか。

ほんとうは問題文の原文にはカタカナの箇所があり、問1で漢字を問う設問があるのですが、長くなるので省略し、カタカナも正しい漢字に直して引用しました。段落ごとにつけられたナンバーも省略してあります。ご了解下さい。

†選択肢は正しいか

問題文の冒頭で、著者は「著作者は最初の作品を何らかの実体――記録メディア――に載せて発表する」とした上で、「その実体は紙であったり、カンバスであったり、空気振動であったり、光ディスクであったりする。この最初の作品をそれが載せられた実体とともに「原作品」――オリジナル――と呼ぶ」と論じ始めます。

そしてこの直後の二段落目で、著作の「作品」と「実体」の関係を取り上げ、著作権法でいう「著作物」を次のように説明しました。すなわち「著作権法は、じつは、この原作品のなかに存在するエッセンスを引き出して「著作物」と定義している」。「エッセンス」という言葉の選び方が少し不思議に見えます。その「エッセンス」とは何でしょうか。そこに傍線部Aとして「記録メディアから剝がされた記号列」という言葉が来るのです。著作権が対象とするものは「原作品」ではなく、この「記号列」としての著作物なのだと言います。

この言葉に傍線が引かれ、問2の設問が用意されました。

問2　傍線部A「記録メディアから剝がされた記号列」とあるが、それはどういうものか。【資料Ⅱ】を踏まえて考えられる例として最も適当なものを、次の①〜⑤のうちから一つ選べ。

① 実演、レコード、放送及び有線放送に関するすべての文化的所産。
② 小説家が執筆した手書きの原稿を活字で印刷した文芸雑誌。
③ 画家が制作した、消失したり散逸したりしていない美術品。
④ 作曲家が音楽作品を通じて創作的に表現した思想や感情。
⑤ 著作権法ではコントロールできないオリジナルな舞踏や歌唱。

さて、正解は何だと思いますか。のちに発表された正答は、④でした。ふーむと考えて、私自身はそうかなあ、それでいいのかなと思いました。

実は、この五つの選択肢には、作り方からして疑問があります。正答である④以外を見て下さい。「文化的所産」、「文芸雑誌」「美術品」「舞踏や歌唱」となっていて、いずれも物理的な実体か物理的な視覚・聴覚像になっていて、④の「思想や感情」とは違いが明白すぎるのです。これは選択肢作成における技術の巧拙によるものかもしれません。マークシート式では、しばしば選択肢からすぐに正答が分かってしまうような下手な設問があったりするものですが、それに近いものを感じました。

†正答への疑問

正答とされる選択肢の適否についても考えてみましょう。こちらの方が気になります。実体としての「記録メディア」から剝がされた「記号列」とあるように、この書き手は著作権法の指すオリジナルの「エッセンス」を「記号」の「列」と説明しています。「エッセンス」だけなら、本質ということになりますから、「思想や感情」に言い換えることもできないわけではありません。しかし、問われているのは「記号列」なのです。果たしてこの言葉が「思想や感情」のことを意味するのでしょうか。

「思想」は何らかの実体化をへないと形にならないと言えます。しかし、「感情」となると、これは必ずしも実体をともなわないケースもたくさんあります。いわくいいがたい気持ちとか、微妙な、しかし、こちんと固まっている一連の感覚は、「感情」の一部を形成します。「思想や感情」という語彙がここに導き出されたのは、資料にある「著作権法」の条文において、著作物は「思想又は感情を創作的に表現したもの」と定義されているからです。おそらく作問者もそうした用語の共通性を見抜き、かつ消去法でいけば④以外にたどりつくはずがない、そう踏んで、このような設問にしたのだろうと思います。

「【資料Ⅱ】を踏まえて考えられる例」という条件をつけているのだから、それでいいじゃないか、そんな声も想像されます。しかし、論理的にこれは正しいかどうか。このプレテストには大義名分がありました。日本の教育改革の試金石であり、この入試改革を通して高校・大学の教育を変えていく。しかも、論理的思考力を鍛え、「主体的・対話的で深い学び」を目指すというのが、大きな目標です。試験として整合性さえとれればいいじゃないか、しかし、それではふつうのだらしのない試験問題と同じになってしまいます。

実際に創作の場を想像してみて下さい。文学、学術、美術、音楽といったジャンルそれぞれに違いはありますが、それらの創作においてきっかけとなるのは「思想又は感情」とは限りません。もっと小さな感覚や気分であったり、もやもやとした名づけ得ない衝動、直感のようなものであったりするかもしれません。それを何らかの実体にいったん落とし込んでいく。それが創作であり、最初のオリジナルが生み落とされる瞬間です。

ここで問題になっているのは、それが他に転用されていく場面です。しかも、ウェブ時代ですから、物理的な形式をもたずデジタルな信号に変換されうるものでもあります。「アルゴリズム」とか「プログラム」「データベース」という言葉が本文や表の中に出て来るのはそのためです。コンピュータのプログラムに「思想や感情」を込めることは部分的にありうるとは思うけれども、プログラムやデータベースのすべてが、何らかの「思想や感情」の表現というわけではありません。つまり、想定される「思想や感情」は著作物の一部に当てはまるかも知れないが、全部ではない。まさに論理学でいう全称命題としては成り立たないのです。

名和さんが「記号」の「列」というあまり耳慣れない熟語を使ったのは、デジタル時代になって、こうした「思想や感情」からはみ出る部分が多いと考え、あえて物理的なイメージを想起させる「列」という言葉をつけたからではないでしょうか。写真はかつてネガフィルムや暗室で焼き付けられて印画紙の上に定着した画像を意味しましたが、デジタル写真になってその本質は夥しい量の数字や記号による「列」となりました。むしろ、「思想や感情」を抜き取られたあとの「記号列」が著作権の保護対象となっている。そういう意味が込められているはずです。

†著作権1.0から2.0へ

再度、【資料Ⅱ】にあたる「著作権法」の第二条第一項の定義を確認してみましょう。

著作物　思想又は感情を創作的に表現したものであつて、文芸、学術、美術又は音楽の範囲に属するものをいう。

ここに書かれていることは現在からするとだいぶ古めかしいことが分かります。あらためて『著作権2．0』を手に取って読んでみると、この本はいまの「著作権法」がもはや時代に合わなくなった、旧時代の遺物であることを指摘した著作です。だから「2．0」とされたわけで、旧来の「著作権法」の条文は「著作権1．0」という位置づけなのです。

少なくとも芸術表現に通じているものからすれば、二〇世紀前半の表現テクノロジーを前提にした「著作権法」の定義自体が決して十分ではないことは周知の通りです。それに対して、そのエッセンスを「記録メディアから剝がされた記号列」とした名和さんの、ウェブ時代に応じたフォローをみごとに台なしにして、「思想や感情」にまで後退させてしまった。それが第2問の問2だったのです。

実は、第二回プレテストのこの問題および設問について疑問を投げかけたのは、私が最初ではありません。RochejacMonmo というIDで投稿している方が Twitter 上で二〇一九年三月七日に「もっと問題視して欲しい事例」として「共通テスト　第2回試行調査国語第2問問2」について、「著作権に関わる複数資料の問題」としてこの件に疑問を投げました。その後、私も三月一五日に「この問いを宿題にしながら、なかなか時間とれず。ようやく昨日、会議の合間に、再度、試行調査第2回の第2問を熟読。確かにこれはおかしい。「創作的」という言葉の使い方も苦しまぎれだし、「思想や感情」と「記号列」の関係も正確ではない」と発信しています。

その後、だいぶあとになりますが、小森陽一さんとの対談「国語教育崩壊は回避できるか？」（『世界』九二四号、二〇一九年九月）でも言及しました。最初の提題者であるRochejacMonmoさんは、自身のブログ「rochejacmonmoの日記　共通テスト第2回試行調査国語第2問は不適切な出題を含んでいる」（二〇一九年八月一九日、http://rochejacmonmo.hatenablog.com/entry/2019/08/19/030403）において、他の出題への疑問と合わせて問題点を整理、追及しています。また予備校講師の小池陽慈さんも「大学入学新テスト「現代文」にあるヤバい欠陥部――受験生を迷わせるだけの出題形式」を電子マガジン『PRESIDENT Online』（二〇一九年八月二一日）でも大きく取り上げました。このように立場の異なる方たちがいずれも疑問を投げかけています。他にもたぶんおられるでしょう。いまや、こうした試験問題の分析は複数の主体によって担われ、バトンタッチされながら議論がなされているのです。

†設問相互の矛盾

したがって、もし、音楽を例にしてどうしても正解を作るとしたら、

作曲家が音楽作品を通じて思想や感情などを創作的に表現した結果から抽出される一定の音律のパターン

とでもするしかないかと思います。「思想や感情」に「など」を加えることで意味に幅をもたせ、「結果から抽出される一定の音律パターン」とすることで、抽象性と物質性を担保する。これでもまだ正解ではないかもしれません。名和さんは問題文中でも、著作権法で守られる「著作物」について、実体にして非実体でもあるため「現代のプラトニズム」に近いと言っています。この「プラトニズム」という言葉がなかなか意味深いのですが、なぜか、ここには注がついていません。

問3は、名和さんの文章における「著作権に関する説明」を尋ねた問いですが、正答の選択肢のみを見てみましょう。

> ⑤　著作物にあたるどのようなテキストも、「表現」と「内容」を二重にもつ。著作権法は、内容を排除して表現を抽出し、その表現がもつ価値の程度によって著作物にあたるかどうかを判断している。

この正答によれば、著作物を「内容」と「表現」に分けて、「内容を排除して表現を抽出し、その表現がもつ価値の程度によって」著作物かどうかを判断することになります。たしかにそのとおりです。しかし、受験生にこのような理解を求めるのであれば、先の問2のような「思想や感情」、つまり「内容」にあたるものを著作物と定義する話と矛盾することになります。とすると、問2はあくまでも「著作権法1.0」の範囲で答えさせる、問3は「著作権法2.0」の新しい観点から答えさせようという意図だったのでしょうか。もし、そうであるなら、問2は名和さんの文章の傍線部を対象に問うこと、しかも「【資料Ⅱ】を踏まえて」考えさせるという設問の条件がそもそも的を射ておらず、問いとして正しくないことになります。

†表を読む

問4になると、今度は表をめぐる設問となります。「大学入学共通テスト」では、文章だけでなく、図表やグラフ、写真など、文字言語以外のデータを取り扱うことが強調されていますから、必ずこうした類いの問題が取り込まれることになります。見ていきましょう。

問4　傍線部B「表2は、具体的な著作物――テキスト――について、表1を再構成したものである。」とあるが、その説明として最も適当なものを、次の①～⑤のうちから一つ選べ。

①　「キーワード」と「排除されるもの」とを対比的にまとめて整理する表1に対し、表2では、「テキストの型」の観点から表1の「排除されるもの」の定義をより明確にしている。

②　「キーワード」と「排除されるもの」の二つの特性を含むものを著作物とする表1に対し、表2では、叙情詩型と理工系論文型とを対極とするテキストの特性によって著作物性を定義している。

③　「キーワード」や「排除されるもの」の観点で著作物の多様な類型を網羅する表1に対し、表2では、著作物となる「テキストの型」の詳細を整理して説明をしている。

④　叙情詩モデルの特徴と著作物から排除されるものとを整理している表1に対し、表2では、叙情詩型と理工系論文型の特性の違いを比べながら、著作物性の濃淡を説明している。

⑤「排除されるもの」を示して著作物の範囲を定義づける表1に対し、表2では、叙情詩型と理工系論文型との類似性を明らかにして、著作物と定義されるものの特質を示している。

七四ページにある表1をじっくり眺めてください。「著作物の定義」とされる表1は、「著作権法」の定義文から抽出される「キーワード」を左側の列に配置し、その言葉の対義語にあたるものを右側の列にうめていってできあがっています。著作物をめぐる「キーワード」とそこから「排除されるもの」という対比がこれで明確になり、「著作権法1.0」で定めるところの「著作物」とそこから外れてしまう要素をわかりやすく示したのです。

表2はどうでしょうか。表2にふれる前に、著者は表1の「キーワード」が叙情詩をモデルにしていることを指摘していました。しかも「著作権法」はすべて著作権のある著作物を叙情詩型の文章として想定していると。となると、そこから外れるのが新聞記事や理工系論文になるはずだと言っていました。ところが、「無方式主義」の話題がそこに挟まります。まず問題は、叙情詩型モデルを前提に、著作物のすべてをとらえるという、「著作権法1.0」の古い世界観があることです。だから、「地図であっても、伽藍であって

も、ラップであっても、プログラムであっても、それを叙情詩として扱う」という、一見すると奇妙な捉え方になるのだそうです。実際に叙情詩かどうか、叙情詩タイプの著作かどうかは厳密には関係ない、ただそう見なすということです。となると、理工系論文だって、場合によっては叙情詩と見なされてしまう可能性がある。そこで叙情詩型と理工系論文型という対比を両極においた「スペクトル」が必要になる。それが表2となるわけです。

このように表1と表2の意図を整理してみれば、選択肢の②や③がいずれも誤答であることは明らかです。「キーワード」と「排除されるもの」について、②のように「二つの特性を含むものを著作物とする」とか、③のように二つの「観点で著作物の多様な類型を網羅する」とか、いずれも表1の説明が正しくありません。また、⑤のように表2について「叙情詩型と理工系論文型との類似性」を明らかにするとするのも間違いです。大事なことは「類似性」ではなく、その幅のなかでどこに位置するかを判断せざるをえないと言っているのですから。

①と④を読み比べると、①も正しいように見えますが、「「排除されるもの」の定義」の明確化に表の狙いを決めてしまっています。そうではなく、「スペクトル」という言葉がわざわざ比喩で使われていることを思えば、「著作物性の濃淡」という言葉と同じレトリックで連動していることに気づくはずです。そう、正答は④になります。

ただ、私の解説でも分かるように、表を眺めて、これをどう読むかという問いにはなっていません。本文をよく読んで、このような表の形式にして見やすくしたことの理由を考えようという趣旨の設問です。問題の質としてはいいと思いますが、文章と図表を組み合わせるという大きな目的にかなっているわけではなく、あくまで文章読解がメインになっていると理解した方がいいでしょう。つまり、それくらい図表などの種類の異なる資料を使うというのは、一般的な入学試験には向いていないのです。小論文などでは大いに可能性がありますが、表を使ってみたという程度の設問で、あまり仰々しく成果を強調するのは、進学実績を誇大に強調するのとあまり変わらないことのように思います。

†表現と内容

さて、「著作物」の定義では、内容よりも表現が重要な要素になっていました。こうした対比に応じるかのように、問5の設問は、名和さんの【文章】を対象に、そうした表現の特色を見抜く問いになっています。

> **問5** 【文章】の表現に関する説明として適当でないものを、次の①〜⑤のうちから一つ選べ。

① 第1段落第一文と第3段落第二文で用いられている「――」は、直前の語句である「何らかの実体」や「物理的な実体」を強調し、筆者の主張に注釈を加える働きをもっている。

② 第4段落第一文「もうひと言。」、第10段落第一文「話がくどくなるが続ける。」は、読者を意識した親しみやすい口語的な表現になっており、文章内容のよりいっそうの理解を促す工夫がなされている。

③ 第4段落第四文「現代のプラトニズム、とも言える」、第13段落第二文「フェルディナン・ド・ソシュールの言う『記号表現』と『記号内容』に相当する」という表現では、哲学や言語学の概念を援用して自分の考えが展開されている。

④ 第5段落第二文「叙情詩」や「理工系論文」、第13段落第一文「表現」と「内容」、第15段落第一文「著作権に関係するものと、そうではないもの」という表現では、それぞれの特質を明らかにするための事例が対比的に取り上げられている。

⑤ 第16段落第二文「はたらかない」、第四文「明らかでない」、第17段落第二文「関知しない」、第四文「関係がない」という否定表現は、著作権法の及ばない領域を明らかにし、その現実的な運用の複雑さを示唆している。

正解は①となっています。これは「適当でないもの」を選ぶ形式です。表現を問う設問では、しばしば、こうした不適当なものを選択させる形式が採用されます。それは誤答作成のむずかしさに起因します。一般的に評論や論説文の論旨を正しく読み取れたかどうかを見るには、いくつかの論点の組み合わせによって選択肢を作り上げて行います。

しかし、表現の特色を問うとなると、そう簡単にいきません。五つの選択肢を用意するとして、正答ひとつに対して、誤答ひとつを作ることは容易ですが、四種類の誤答を作成するとなると突然、頭を抱えてしまいます。あまりにも明らかで突飛な誤答でも作らないと、正答に近くなってしまうからです。表現とは、絶対的にこれでなければならないと正確に言い表すことができないものです。また、ひとつの文章であっても、たくさんの表現上の工夫がこらされ、レトリックがくりだされているためでもあります。したがって、表現の特色をめぐる適切な説明となると、正答が多くなる。むしろ、正解のない問いではなく、多くの正解の並ぶ、それだけに議論したり、その工夫を学んだりすることのできる、対話型の授業を可能にする問いでもあるのです。

今度は反対のことを考えてみましょう。内容中心の文章とはどうなるのでしょうか。理工系論文型の文章の極北として、客観性のある法律の言葉があります。その観点からすると「著作権法」は著作物ではないということになります。しかし、ほんとうにそうでしょうか。著作権があるかどうかということで言えば、たしかにその権利はないので、「著作権法」の定める著作物の定義には当てはまらない。でも、その法律の定める定義自体に、疑問符を投げかけて、バージョンアップせよというのが名和さんの著作のメッセージです。

そこで議論の的になったのは、条文の表現でした。これまでの「著作権法」では著作物すべてが叙情詩をモデルにして想定されている。そうたとえられていました。その比喩を成り立たせたのが「思想又は感情」を「創作的に表現」したという条文の表現です。内容中心の「実用的」な文章であるはずが、やはり、その表現によって著作物を叙情詩モデルで捉えざるを得ないように解釈され、その解釈が裁判等でも判例になって固定化してしまった。しかし、時代はどんどん動いていて、もはやウェブ時代になったら、そのような表現ではおおいつくせない事態になっていた、というのがこの著作の主張です。

つまり、法律のような「実用的」な文章も表現に拘束されていて、この表現を変更することも、ときに考えられなければならない。それが困難だとしたら、法律の条文の行間を読んで、解釈の幅を押し広げる工夫をしなければならないと説いているのです。選択肢⑤にはわずかにその趣旨のニュアンスが出ていますが、表現の特色を問う設問の範囲にとどまっています。

†これは「文学」である

名和さんは、著書の冒頭を、Google による全米図書館のブック・サーチの話題から始めています。「オプトアウト」という、異議申し立てをしないかぎりはデジタル化を防げないという新たな考え方を紹介し、これまでの「著作権法」の「オプトイン」の発想（原則、許諾なしには禁止とする）と百八十度、異なる思想が現れたことを取り上げていました。

つまり、この著書全体が、「著作権法」という法律の成立背景とその歴史的文脈を踏まえた上で、ウェブ時代になって、もはや旧来の「著作物」の概念では捉えきれなくなった現状を分析し、問題点を明らかにするものだったのです。たとえば、著者はアメリカにおける「著作権法」と日本における「著作権法」の違いにふれ、アメリカでのさまざまな係争案件を紹介しています。「フェアユース」という概念をもつアメリカの「著作権法」に対して、「抒情詩的」（ちなみに原文では「抒」、問題文では「叙」の字になる）な表現概念を元にした日本の「著作権法」は、著者に許諾権を集中させることで窮屈になってしまいました。「著作権法」改正が議論された一九八〇年代以降の著作権審議会に参加した名和さんは、そこでふだんは居眠りしていた委員のひとりが突然、目覚めて、「著作権法にはビジネスという用語はひとかけらもない」と発言したことを回想しています。オリジナリティにこだわり、法律談義は睡眠導入の役割にしか感じられなかったのでしょう。かくして日本の「著作権法」は、ときに係争もあり、裁判を通して議論し、改善していくアメリカのプラグマティックな「著作権法」に大きく遅れをとることになったのです。

興味深いことに、名和さんは法律の文体が不可解になっていくことについても言及しています。Yahoo! や Google などの検索エンジンに不可欠な、引用元の部分的な複製行為を認めるために、著作権法は二〇〇九年に改正されましたが、そのときの条文の一部を例にあげています。すなわち、「第四十七条の六　公衆からの求めに応じ、送信可能化された情報に係る送信元識別符号（自動公衆送信の送信元を識別するための文字、番号、記号その他の符号をいう。以下この条において同じ。）を検索し、及びその結果を提供することを業として行う者（当該事業の一部を行う者を含み、送信可能化された情報の収集、整理及び提供を政令で定める基準に従って行う者に限る。）は、……」。

長くなるから途中でやめます。このあと九行もワンセンテンスがつづいて、ようやく一文の結びが来るのです。名和さんは「一読では理解できない」という文化庁の担当者の述懐を引いてもいて、いかに惨憺（さんたん）たるかたちで法律が作られているかを示唆しています。

つまり、「著作権法」の思想的な欠陥、また表現上の弱点を知らなければならない。その上でどのように対するべきかを論じようとしているのです。しかも、それはひとつの正解に収束することにはならないでしょう。著書の終盤で、さまざまな思考実験が試みられていますが、なかでも俳句をめぐる議論はなかなかに刺激的な文学論となっています。すなわち、俳句のような限定された文字数の場合、「抒情詩的」な表現にもかかわらず、その論理でいけば、著作権侵害は後を絶たないことになります。わずか五・七・五の文字数でつくりあげる究極の短詩型ですから、似たような俳句がいくつも並ぶことはありうる。果たして、これをどう解決すればいいのか。

こうして『著作権2．0』はすぐれて文学的な議論を内包した著作であると言えます。この著作を選んだ点において、問題作成委員は慧眼であったと言うほかありません。しかし、その設問の手つきにおいて、彼らはこの著作に盛り込まれた「複数の情報」やさまざまな観点、問題意識や批評的センスを取り逃がしてしまいました。その結果、「統合や構造化」どころか、旧弊な「著作権」の方向に後退させるという失態を演じたのです。一回転して「著作権1．0」へ後退してしまいました。

†リスペクトの不在

私自身は、試験にはミスがつきものであると考えています。百パーセント、ミスのない試験は少ない。語弊のある言い方かも知れませんが、試験問題の作成や採点に関わったものであれば、試験が完璧でないことは十分承知のことでしょう。しかし、今回のプレテストでいえば、そうしたありうるミスの類ではありません。明らかに「複数の情報」の統合と構造化が優先的な大命題になりすぎて、試験問題としての整合性を喪失してしまったのではないでしょうか。

それは単に出題の失敗というだけではない。私は『著作権2.0』のような著作は広義の意味において「文学」だと考えます。少なくとも、幅広い資料を渉猟しながら、適宜、組み合わせ、日本社会を規制する「法と契約の言説」の問題点をウィットに富む形で批評し、たくさんの問題点のなかでいかに生きるべきかを示唆しているように見えます。

そういう目で見たときに、最後の問6は、とりわけ「何だかなあ」とうなだれてしまうような設問になっていました。

問6 【資料Ⅰ】の空欄 a に当てはまるものを、次の①〜⑥のうちから三つ選べ。
ただし、解答の順序は問わない。

① 原曲にアレンジを加えたパロディとして演奏すること
② 楽団の営利を目的としていない演奏会であること
③ 誰でも容易に演奏することができる曲を用いること

④　観客から一切の料金を徴収しないこと
⑤　文化の発展を目的とした演奏会であること
⑥　演奏を行う楽団に報酬が支払われないこと

ようやく【資料Ⅰ】が生きた設問が来たかと思ったら、これだったのです。正直言って脱力します。これは先にもふれた【資料Ⅱ】の「著作権法」抜粋のみに関わる問いです。例外規定のところをしっかり読めばいいわけで、第三十八条に「公表された著作物」について「営利を目的とせず」、観衆から料金を受けない場合は、公に上演し、演奏し、上映し、又は口述することができるとありました。「ただし、当該上演、演奏、上映又は口述について実演家又は口述を行う者に対し報酬が支払われる場合は、この限りでない」というただし書きも付きました。正答である選択肢②と④と⑥が、このただし書きにすべて入っています。

つまり、この設問を見るかぎり、『著作権2．0』の「思想や感情」はまったく生かされていないと判断せざるを得ません。問題文に選んだ著作に対するリスペクトは、ここでも一顧だにされていなかったのです。

それとも、ここで大学入試センターは新しい「学習指導要領」が言うように、もはや教材を読む、読解することを中心にしないという見解に賛同するのでしょうか。問題文のもととなった著作のモチーフや盛り込まれた思想はどうでもいい。任意の一部を切り取って、組み合わせて論理的な整合性がとれればいいのですと言うのでしょうか。少なくとも、これまでの「国語教育」は、教科書に収録する場合も、試験問題に使用する場合も、その対象となる著作のできるかぎり優れたところを、生徒や受験生に示し、その著作を手に取って新たな読書と思索へうながすことを期待していました。そのような考えはもう時代遅れということでしょうか。

いいえ、そうとは思いません。「ことば」の教育とは、たくさんの著作に対して、ともにさまざまな問題について考え、そこに盛り込まれた思索を受け継ぎ、新しい言葉に置き換えながら、思索をつづけることであったはずです。「国語」における伝統とはそうした「ことば」の教育を指す言葉ではないでしょうか。「主体的・対話的で深い学び」という大義名分をほんとうはだれも信じていないとしても、言葉と意味内容のすきまで居直るようなことはよくありません。それはコミュニケーションを強化すると言いながら、実は他者を拒絶するのに等しい。

「大学入学共通テスト」は、こうしてその実施前から、自らに強いたその課題自体によって、センター試験より大きく劣るテストになる危険性をあらわにしたのです。少なくともこれでは、問題文に選ばれた著作が泣いています。プレテストはこれで最後、あとは本番試験に突入してしまう予定だそうです。到底、それでいいとは思えません（つい先日、二〇一九年一一月一一日に大学入試センターは採点作業の検証のために三回目のプレテストを実施しました。しかし、その結果発表は二〇二〇年二、三月頃までかかるそうです）。

では、この入試改革に連動するという新「学習指導要領」による「国語」はどうなっているのか。次章で、想定されているプランを見ていきましょう。

第3章

教室の「敵」はどこにいる?

——「学習指導要領」の逆襲

サンプル問題やプレテストと同じような形式で「大学入学共通テスト」が作成され、実施されるのだとしたら、その問題にはかなりの欠陥がありうることがわかっていただけたかと思います。少なくとも、これらの試験問題では、作成段階からじっくり読む、精緻に正確に読むことがおろそかになっていました。何種類もの複数の資料をまたいで読まなければならないので、個々の資料の意図や狙い、文体的な特徴から見える言外のメッセージなどはそもそも考慮の外に置かれます。情報の適当なつまみ食いが推奨されてしまう事態になっていたのです。

そしてあろうことか、問題作成委員の方たちもそのことに気づいていないか、あるいは気づいたとしても気づかないふりをしているとしか思えません。第二回プレテストの問1、問2について分析するなかで言いましたが、資料として掲げられた著作をきちんと読み込んでいない、その文章の主たるメッセージを外しているのがもっとも懸念されるところです。もしあえて、そうしているのだとしたら、この試験は著者に対しても、著作に対してもきわめて失礼な態度で臨んでいることになります。相手のメッセージの中心、最良の部分を無視して、使えるところを抜き出す。そのような試験なら、著者によっては使用しないでくれと言われるかもしれません。

これまで半世紀以上にわたり、「国語」の入試問題は数限りなく作られてきたと思いますが、問題文は受験生が精読するものだからこそ、試験形式に合致するかどうかがあるにしても、ぜひ、その年代の人々に読んでほしい著作を探し、熟慮を重ねて選んできたはずです。そうではない試験問題があったとしたら、それは安易で最低の試験であり、軽蔑されるべきものでした。センター試験に代わる「大学入学共通テスト」がそのような試験であっていいはずがありません。

この間の「学習指導要領」の改訂は、あとで述べるように教材を「読む」ことについて教材読解型の授業を退ける方針を打ち出しています。目的は教材を読むことではない、それを通してどのような「資質・能力」を育てるかだ。これが指導要領解説の端々に見えるスローガンです。

読むことに耽溺しすぎているのであればともかく、読まないという選択肢はありえません。読むかぎりは、相手のメッセージをいったん受け取り、そこから考えることを始めるのがコミュニケーションの基礎です。しかし、「資質・能力」とやらの育成に集中した結果、だれが書いたのか、どのような意図を込めたのかを視野の外に追いやるのだとすれば、そのような教育は思考力を育てるどころか、ナンセンス以外のなにものでもないでしょう。

そうでないことを祈りたいのですが、ともすればあちこちにそのような推測を促す発言がちらばっているのです。

> 実は最近のセンター試験に、すでに共通テストを先取りしたような問題も出題されているという。そもそも作問のヒントになっているのは、各地の高校で行われている「良い授業」なのだとか。大杉さんは「入試問題は他の先生たちへのメッセージでもある。良質な問題を作ることによって生徒たちが学びたくなるような授業が、もっと広がるきっかけになるといいなと思っています」と話した。

これは『中日新聞』二〇一八年六月一〇日に掲載された「〈スタッフが聞く〉大学入学共通テスト作問総括・大杉住子さん」という記事の結びの一節です。現役高校生が大学入試センターを訪ねてインタビューしたときに、試験・研究統括補佐官をつとめていた大杉さんの回答が記事に紹介されていました。「入試問題は他の先生たちへのメッセージでもある」そうです。やはり、この問題形式が今後の授業内容を示唆するモデルとなると主張し、これらをもとに授業を組み立てるように指示しているのです。

しかし、そのモデルの実態を見ると、なぜ、こうなってしまったのかと首を傾げざるをえません。大杉さんたちは、共通テストの実現に向けて種々の会議を動かし、センター試験に代わる新たな試験形式を探ろうとしました。結果として、「国語」ではこのような事態になっています。最初からこのような惨状を目的にはしないでしょう。とすれば、どこかで食い違う事態が起きたのです。

大杉さんは、その略歴を見ると、文科省に入省後、幼児教育、大学教育、キャリア教育などの教育分野を中心に担当し、愛媛県教育委員会の保健スポーツ課長をつとめたり、在イタリア日本国大使館の文化科学アタッシェなども歴任されたりした方のようです。つまり、教育行政の畑を歩いてこられた。「国語」の専門家ではありません。制度設計を行う立場の人です。二〇一九年度からは共通テストの実施を見ることなく、文科省の国際統括官付の国際戦略企画官に異動され、日本ユネスコ国内委員会事務局次長を兼任しておられます。高いところから入学試験を含めた教育行政を見直すにはふさわしいかもしれませんが、どうみても専門家ではないわけです。

では、その指示を受けて「国語」を担当した方たちは、こうした改革案の問題点を理解できなかったのでしょうか。これはまずいですよ、このやり方では問題が生じますと、声をあげて、制度の修正を行う人たちはいなかったのでしょうか。

†解説本、大セール

「大学入学共通テスト」を離れて、「学習指導要領」の改訂において目指されている「国語」教育がどのようなものなのかの検証に移っていきましょう。

実は、告示以降、「学習指導要領」をめぐってはたくさんの特集記事や解説本が出ています。「国語」に関しても同じようにたくさん出ています。「学習指導要領」の告示以前にも、大滝一登（かずのり）・幸田国広編著『変わる！　高校国語の新しい理論と実践』（大修館書店、二〇一六年一一月）などがありますが、ひとまず告示以後、二〇一八年三月以降に限定して、高等学校の「国語」の指導要領解説を主題とする雑誌特集号や著作を並べてみます。

特集「新学習指導要領　国語の方向性」（『日本語学』三七巻三号、明治書院、二〇一八年三月）

町田守弘・幸田国広ほか編著『高等学校国語科　新科目編成とこれからの授業づくり』（東洋館出版社、二〇一八年八月）

大滝一登・高木展郎（のぶお）編著『新学習指導要領対応　高校の国語授業はこう変わる』（三省堂、二〇一八年九月）

特集「中学校・高等学校『国語』　新学習指導要領はどうなるか」（『日本語学』三七巻一二号、明治書院、二〇一八年一一月）
大滝一登『高校国語　新学習指導要領をふまえた授業づくり　理論編』（明治書院、二〇一八年一二月）
文部科学省『高等学校学習指導要領（平成三〇年告示）解説　国語編　平成三〇年七月』（東洋館出版社、二〇一九年二月）
大滝一登編著『高校国語　新学習指導要領をふまえた授業づくり　実践編』（明治書院、二〇一九年三月）
髙木展郎編著『平成三〇年版　学習指導要領改訂のポイント　高等学校　国語』（明治図書出版、二〇一九年三月）
特集「新学習指導要領に向けて、国語の授業をどのように考えるか」（『日本語学』三八巻五号、明治書院、二〇一九年五月）
特集「『現代の国語』と日本語学」（『日本語学』三八巻九号、明治書院、二〇一九年九月）
特集「日本語の言語文化」（『日本語学』三八巻一〇号、明治書院、二〇一九年一〇月）

私が気づいていないだけで、まだあるかもしれません。雑誌で五回も特集が組まれ、著作としては文科省の正式な解説本のほかに五冊が刊行されています。さらに「国語」にのみ焦点を当てているのではありませんが、同じような解説本に、高木展郎『評価が変わる、授業を変える　資質・能力を育てるカリキュラム・マネジメントとアセスメントとしての評価』（三省堂、二〇一九年五月）や、合田哲雄『学習指導要領の読み方・活かし方　学習指導要領を「使いこなす」ための8章』（教育開発研究所、二〇一九年六月）といった本も出ています。

こうしてみると、いかに多くの解説書が出て、雑誌の特集が組まれているのかが分かります。特集はすべて『日本語学』という雑誌です。この雑誌の編集委員には、「学習指導要領」の改訂作業に参加された横浜国立大学名誉教授で教育方法学・国語科教育学が専門の高木展郎さんが加わっていますから、その関係から何度も特集が組まれたのでしょう。高校の教員たちは改訂の度ごとに、かつてもこうした解説本を買っていたのでしょうが、なかでも今回は自称「戦後最大の改革」です。買わないわけにいかないでしょう。雑誌『日本語学』としては、特集すれば売れる可能性があるのですから、誌面の提供をいとわない。それぞれの出版社にしても、大義名分のある刊行ということになります。いずれにせよ、ここまで多くの解説や宣伝が出たというのは、今回の「学習指導要領」がかなりの混乱、困惑を生むと想定していたのかも知れません。

このうち文部科学省初等中等教育局の視学官という肩書きで関与されているのが、大滝一登さんです。『学習指導要領の読み方・活かし方　学習指導要領を「使いこなす」ための8章』の著者である合田さんも、やはり文部科学省初等中等教育局財務課長ですから、この間、初等中等教育局の方たちは、こうした著作を出すことで、官僚としての仕事以外に、スポークスマンの役割を果たしているのだと思います。同じように大学入学共通テストについては大学入試センターの理事・副所長であった伯井美徳さん（現在は文科省高等教育局長）と先にお名前をあげた大杉住子さんが『2020年度大学入試改革！　新テストのすべてがわかる本』（教育開発研究所、二〇一七年九月）という本を出しています。文科省や大学入試センターの方たちは熱心にこの改革についての普及啓蒙に努めていたわけです。

†解説の解説本

これらの著作を通読してみますと、著者の重複が目立ちます。ひとりは大滝一登さん、もうひとりは高木展郎さんです。大滝さんは文科省のお役人ですが、岡山県の公立高校の先生をつとめたあと、岡山県の教育庁や総合教育センターで指導主事などをつとめられたのち、ノートルダム清心女子大学文学部准教授、国立教育政策研究所の調査官などをへて、現職につかれています。したがって、国語科の教員から出発し、教員養成などにも関わってこられた方だと思います。

髙木さんは東京や神奈川で公立中学や県立高校の先生から始まって、筑波大学附属駒場中学・高等学校、福井大学、静岡大学をへて、横浜国立大学の教授になられ、現在は同大学の名誉教授という立場です。文科省の中央教育審議会等において、数多くの委員歴があり、教育課程部会や高等学校部会、言語能力育成部会など、「学習指導要領」改訂にあたっては、ずいぶん尽力された経歴の持ち主のようです。

『日本語学』の特集号でも、このお二人はかなりの割合で寄稿されています。したがって、このお二人の解説本に焦点をあてて検証していけば、大筋において間違いはないと思われます。何しろ、正式攻略本とはいえ、文科省の『高等学校学習指導要領（平成三〇年告示）解説　国語編』は、A４判で三八一ページに及ぶ大部のものです。指導要領については、もちろん「総則」がさらに分厚くあって、教科ごとにもあるわけですから、無茶苦茶な分量になっています。

これまで大学の先生であれば、センター試験で試験監督を任された経験があれば、電話帳のような分厚い「監督要領」を渡されて気が遠くなるような思いをしたことがあるはずです。まさにあれと同じです。ならば「解説の解説本」を読むにしくはなし。そうした気分を想定しているから、これだけたくさんの本や特集を繰りだしてきたのでしょう。

「指導要領」についてあれこれ批評がましいことを書くと、しばしば、「指導要領」本体や「指導要領」解説が読めていないというお叱りを受けます。しかし、先に紹介したように、正規解説本は四〇〇ページにも届こうかという大量の情報をつめ込んだものになっています。電話帳の一五三ページと二八四ページにそのことはちゃんと載っているじゃないかというような反論はあまり効果的ではありません。クレーム対応のためにあらゆる批判をシミュレーションして書いてありますと答えるのが大事なのではなく、日々の教育業務において使えるようになっているかどうかが重要なのです。ところが、プラグマティズムのまなざしで見ると、この正規解説が実に使いにくい。あえて読ませないようにしておきながら、何か言われると「読んでない」と反論するためにこのように分厚くしているかのようです。

その点からも、解説の解説本が要注目です。しかも、どこの馬の骨とも分からない、私のような無関係の大学人が解説するのではありません。「指導要領」改訂作業のど真ん中で従事されてきた方たちが書いた解説本です。そこにはエッセンスがつまっているはずです。そこに書かれていないようなことに大きな意味があるわけがない。そのつもりで瑣末なことより、まずは骨組みをしっかり見ていきたいと思います。

†国語の先生、君たちはもう終わっている！

しかし、しかし、しかし、……。ここでは逆接の接続詞をあえて何回か重ねて使いたくなりました。大滝一登さんの『高校国語　新学習指導要領をふまえた授業づくり　理論編』を開いたとたん、衝撃的な文言が並んでいるのにびっくりしたのです。

まず「先の見えない社会の変化と子供たちを巡る現状」と題された最初の第一節です。この冒頭は、「社会の変化に対して国語科は不易を貫けるか」という挑発的な問いかけから始まります。

二一世紀に入って二〇年、「社会は予想を超える速度で複雑に変化しており、グローバル化や情報化などの流れが確実に私たちの生活に影響を及ぼしつつある」という認識に立って、「今の高校生、さらにこれから高校生になる子供たちが将来活躍しなければならない社会においては、これまでの常識が通用しなくなる可能性が高い」というのが、著者の宣言です。

この「可能性が高い」という結び方に要注目です。「通用しなくなる」ではなく、「通用しなくなる可能性が高い」です。ということは、ほんとうは通用する可能性も少しはあるということになるのですが、可能性は高いんだぞと言い張っていて、宣言としてなかなかに微妙な言い回しです。

そしてそのすぐあとに「こうした流れは、明治以降続いてきた学校の在り方に対しても、その性格の再検討を促しているように感じられる」と続きます。この「ように感じられる」も、先ほどの「可能性が高い」と同様、著者自身は絶対そうだとは言い切れないのだけれど、とにかくひた押しに押して、言い張ることで、きっとそうなんだろうと思い込みたい姿勢がよく表れています。

ところが、こうした広く世の中に流通している社会変動の予測と漠然たる不安をかきたてた一節のあとに、次のようなおそるべき文章が書かれているのです。

> こうした深刻な変化を目の前にしても、国語科教育は全く変わらないでよいのだと主張する立場が存在する。いわば国語科教育の「不易」を絶対視しようとする立場である。
>
> しかし目の前の生徒の成長を直視することなく、過去へのノスタルジーに浸り、ただ自らの価値観を訴えるだけでは、国語科自体が「生き抜く」ことさえ難しい時代を迎えようとしている。（八頁）

先ほどまでの「ように感じ」たり、「可能性が高い」くらいの認識でいた著者がここで突然、強い断定語調に変わります。しかし、私も長く高校の「国語」に陰に陽に関与してきましたが、「国語科教育は全く変わらないでよいのだと主張する立場」の人たちが現実に存在したという話を聞いたことがありません。もちろん、保守的な人はどこにもいるし、自分の仕事内容が藪から棒に大きく変わるのは困ると思うのは人情です。しかし、変わらないでいいと主張しているわけではないでしょう。いったい、そのような「立場」の人はどこに存在しているのでしょうか。「過去へのノスタルジー」に浸って「自らの価値観」を訴えるだけの人がどこにいると言うのでしょうか。

そして次の段落では、わざわざ「生き抜く」という言葉を用いてカッコをつけて強調していますが、これは、大滝さんが「国語科教育は全く変わらないでよいのだと主張する立場」と認定した人、「自らの価値観」を訴えるだけだと認定した人に対して、君はこの先を「生き抜く」ことはできないと最後通告を与えている文章としか読めません。実際にいるかいないか分からないような「立場」の人が確かに「存在する」と言い切って、文科省の担当官が自分たちの主張に賛同しないものは生き延びることはできないと通告する。この書き出しは異様ではないでしょうか。

読み始めた私は、あまりの異様さに苦笑しながら、今回の「学習指導要領」改訂の混迷をもっともよく示している一節であることに気づきました。

ほんの一部にだけ、そのような一節があったというのであれば、誤読や誤解もありうるでしょう。しかし、同じような表現が他でもくりかえされていたのです。

†ゼロベースからの見直し

> 社会の加速度的な変化に教育が対応していけるのかが問われている。特に泰然自若としていた国語科教師にまず求められるのは、そうした変化に縦横無尽に対応していける柔軟性や敏感さであるだろう。キーワードは「ゼロベースからの見直し」である。もちろん、その見直しの作業は、慎重かつ的確に進めなければならない。（九頁）

国語の教員につけられる形容句はここにあるように「泰然自若とした」や、他にも「旧態依然とした」「前時代的」といった言葉になって反復されます。私も悪口言葉を好んで使っている一人ですが、それは特定のだれかに向けて使うくらいで、ある集団をひとまとめにして悪口を言った記憶はありません。この本では文科省や大学入試センターに厳しい批判を浴びせていますが、職員全員がダメだと思ったことはありませんし、日本政府のなかで財務省や経産省などとの攻防で傷だらけになっているのを見ては、心ひそかに応援していたぐらいです。しかし、その文科省の担当官がみずからの出身母体であるにもかかわらず、「国語科教師」の一部——全部ではないのでしょうが、この書きぶりを見るかぎり、かなり多数と想定されていると思われます——をつかまえて、ここまではっきりダメ出しをするとは思いませんでした。

「ゼロベースからの見直し」という言葉がキイワードにされていますが、もちろん、これは一般的に次年度予算を編成したりするときにしばしば用いられる常套句です。いまは学校会計においてもこのキイワードが頻出して、耳にタコができるくらいによく聞こえてきます。この言葉を駆使するのはだいたい管理職で、実際には予算折衝の場面で使われることもありますが、それ以上にこれまでの業務内容を見直し、君らの仕事ぶりを抜本的に改革するからなという威嚇的な場面で用います。ムダを見逃しているやつ、存在自体が非生産的で、時代に逆行しているやつは徹底的に鍛え直すぞという意気込みを表情に漂わし、指をポキポキ鳴らしながらこの言葉をいうと効果てきめんでしょう。

「慎重かつ的確に」という言い回しもいかにも、インテリ風な脅しとしては効果的な表現です。「かつ」という副詞がここでは重要な役割を果たしていて、「慎重に」だけではダメで、「かつ的確に」が組み合わさって初めて真意を伝えることができます。

「慎重に進めなければならない」という言い方だと、役所言葉では実際にはほとんど実行するのはむずかしいという意味になります。そこに「慎重かつ的確に」とすると、「慎重」を入れることで、一見、丁寧に、相手の意向を見たりしてやりますよというふりをしながら、後段の「的確に」を入れて、速度をもってどんどんやりますよという宣言の意味になります。本音は「大胆かつ的確に」の意。ただし、正直にいうと反発があるし、ヤクザではないのだから「大胆」の代わりに「慎重」を入れて和らげておく。これで役所言葉の完成です。

†推測に推測を重ねて

「直視すべき子供たちの現状と課題」という項目に移ると、見過ごせない現状としてあるのが、ＰＩＳＡ調査の結果です。言うまでもなく、ＰＩＳＡとは、ＯＥＣＤ加盟国・地域における一五歳の生徒を対象にした学習到達度調査のことです。

著者は、「良識ある教育関係者であれば」この国際調査の重要性は認識しているはずだとたたみかけ、「国レベルの調査結果はたいして関係がない」と考えている一部の教師がいるかもしれないがと、またもや仮想敵を作り上げた上で、ＰＩＳＡの結果が「全国学力・学習状況調査の改善充実」や「教科書の内容の改善」「授業改善の方向性」に影響を与えていると言います。「高等学校には関係がないと考える教師も」、大学入試センター試験の「問題傾向」にその影響が表れていることをしっかり見なければならない。仮想敵を設定してたたく、基本的に大滝さんのこの著書における書き方はこのパターンを踏襲しています。

そしておもむろに二〇一五年の最近の調査結果で、「読解力の平均得点が有意に低下している」ことに注目し、「「探求・取り出し」には長けているが、「統合・解釈」、「熟考・評価」の読解プロセスにおいては十分とはいえなかった我が国の子供たちの課題」を指摘するのです。

PISA調査についてはすでに前著『国語教育の危機』でも触れていますし、大橋崇行さんが『どうする どうなる これからの「国語」教育』(幻戯書房、二〇一九年七月)のなかで、そのテスト問題についてみごとな分析をされていました。

基本的なことだけ説明すると、これは二〇〇〇年から開始された国際的な学習到達度調査で、基本的な読解力や数学的リテラシーなどいくつかの項目に分けて、結果と順位を発表しています。三年おきに実施されていますが、毎回、参加国と地域が増え続けています。たとえば、初回はOECD加盟国二八か国を含む三二か国でしたが、二〇一二年になると、六五の国と地域が参加しました。倍増以上です。二〇一五年になると、七二の国と地域に拡大しています。この拡大のあいだに、初期には実施していなかった香港、上海、シンガポールなどが加わっていったのですから、順位が下がるのもやむを得ないところです。アジア諸国で初回から参加していたのは、韓国と日本だけだったのですから、競争相手のいないクラスで上位だったのに、競争相手の多いクラスに移ったら順位が下がってくやしがっているのと同じです。

つまり、それまで参加していなかった国や地域が次々に参加して分母が増えています。さらに調査する分野も、数学的リテラシー、読解力、科学的リテラシーの三つだったときもあれば、そこに問題解決能力が加わったり消えたり、デジタル読解力が新たに入ったりと分野が変化することもあるので、事前に準備できるものでもありません。初期にはつねに上位にいたフィンランドも、最近はシンガポール、香港、台湾の後塵を拝するような事態にもなっています。

金メダルの数を競うように順位を考えるのは、グローバル化を理解しない島国の発想と変わりありません。また、二〇一五年の順位低下と読解力の関連性については、まだ諸説あり、確定的に説明することはできません。「ゆとり教育」が議論になって廃止に持ち込まれたのも、文科省がＰＩＳＡ調査の結果に動揺したからですが、逆に読解力の順位が回復した時期は「ゆとり教育」を受けた世代が受検した時期でもあり、因果関係は必ずしも一致していません。つまり、まだ推測段階なのです。しかし、推測に推測を重ねているにもかかわらず、突然、断定に持っていくのが、指導要領解説本の基本トーンです。

なかでも「比較的長い非連続型の文章を読み、解答する設問」において、それらの文章の隅々まで読めていなかったことから来る誤答が多かったために、次のような推測がくることになります。

> 以上のような誤答に関する結果は、ごく簡単なこととも考えられる情報の関係付けができていない子供たちの現状を示唆するものである。彼らは、国語の授業では主に連続型テキストの学習にしか慣れていない。単一の文章に慣れ親しんではいるが、非連続型テキストや、複数のテキストの関係についてはあまり学習してこなかったのではないだろうか。(一一頁)

この引用の直前でも、大滝さんは「これらのことから、課題文の情報を整理しながら読めていないために、一部の情報について文章全体における意義を捉えられていなかったり、複数の文章の関係や個別の情報の意義が捉えられていなかったりなどした可能性が考えられる」と書いています。少なくとも、この文はそうだった「可能性」もあるが、そうではなかった「可能性」もあることを含意するはずです。

ここにも「示唆するものである」という曖昧な言い方や、「あまり学習してこなかったのではないだろうか」という疑問文が並んでいます。つまり、あくまでも推測に終始しているのです。ところが、この推測を確定した事実と断定する突然の論理の飛躍が起きる。もはや、「可能性」ではなく、もう、そうだという断定になり、疑問文は修辞疑問文のようになって、疑問形で聞いてみたけれど、もはや疑いようがない、「非連続型テキストや、複数のテキストの関係についてはあまり学習してこなかった」という判断が先に来るようになっていたのです。第1章、第2章で見てきたような「大学入学共通テスト」のモデル問題が作成されたのは、こうした非論理的な飛躍の成果というわけです。

†学習指導要領とは？

大滝さんの「学習指導要領」をめぐる恫喝はつづいていきます。

「そもそも学習指導要領とは何だろうか」と問うた上で、「高校の教壇に立っているからには、かつて大学でその性格を学んだはずである」と怒られます。「〜とは何か」という問いに対して、「〜の性格」で答えるのはどうかとも思うのですが、そこはひとまず措きましょう。
「学校教育法」の説明がなされ、その第三〇条に掲げられた「学力の三要素」の規定が紹介されます。「知識及び技能」と「思考力、判断力、表現力等」、そして「主体的に学習に取り組む態度」の三つです。そして「学校教育法」のもとに制定された「学校教育法施行規則」が高等学校の教育課程も定めていること、さらにその規則のもと、文部科学大臣の告示による「学習指導要領」が「教育課程の基準」として「法的に位置付け」られていることを述べています。

こうしたことは、教育関係者なら誰もが知っていることである。にもかかわらず、高校教師の中には、学習指導要領をあまり読んでいない者もいると聞く。……（中略）……そうした基準としての学習指導要領を教師が十分踏まえない事態が生じるならば、教育課程の「水準偽装」が行われかねない。子供たちが本来身に付けるべき資質・能力を育成する指導が行われず、教師個人の趣味にも近い授業が行われるならば、教科国語の共通性は瓦解してしまうだろう。（一六～一七頁）

こうして、学校の教師が、建築基準法を遵守せずに耐震偽装を行った建築士になぞらえられるのです。たしかに指導要領には「一定の」規制力があることは事実でしょう。しかし、法律としての「学校教育法」、文科省の省令である「学校教育法施行規則」、文科大臣告示の「学習指導要領」は、法律としてみな同じというわけではありません。大滝さんがあとでさりげなく「とはいえ、学習指導要領は弾力的な基準であり、授業内容を詳細に縛るものではない」と断りを入れて、やわらかさを「偽装」しているのは、「学習指導要領」はどう逆立ちしても「基準」であって、ほんとうの「法的拘束力」を持っていないからでもあります。

こういう事件がありました。教育課程のなかで必ず履修しなければならないと指定された教科や科目があります。ところが、それらの科目が大学入試においては必須科目ではない、あるいは重要視されていない。そうしたことを踏まえ、大学への進学実績をあげたい一部の進学校において、指導要領では必履修科目であるにもかかわらず授業として履修させず、他の科目に振り替えていたり、課外の特別活動でもってその代わりの授業と判断して単位を認定してしまったりなどの、特例措置を内密に行っていたという事件です。二〇〇六年から翌年にかけて地方の高等学校で、こうした単位未履修が発覚して問題となり、単位不足のままの生徒たちの卒業を取り消すかどうかが、大きな話題となったのです。こうした事件は、「学習指導要領」からの逸脱を承知で教育課程を編成した個々の学校の責任とされ、各教育委員会で処分の対象となりました。

たしかに由々しき事態です。四一もの都道府県でこうした必修科目逃れを行っていた高校があり、特定科目未履修の生徒数は八万人を超えるという報道もありました。しかし、なかには県の教育委員会の教育長が過去に校長をつとめていた高校で、同じようなごまかしをしていたケースが複数あったのです。つまり、これは一時的な事件ではありません。教育行政の責任者でさえ、「学習指導要領」とはその程度のものと考え、高等学校としては進学を希望する生徒の意向を優先し、進学実績をあげることこそ選ばれる学校としてのあり方だと考えていたのでしょう。

一方、ないがしろにされた「学習指導要領」作成者が怒るのも分からないではありません。とはいえ、最初からすべての高等学校の教員が「偽装」する可能性があると決めつけて臨むのは木を見て森を見ない態度でしょう。注意すべきは各教育委員会や校長等の管理職であり、同時になぜ、そうなったのかの究明とならなければなりません。

同じ文科省の方でも、合田哲雄さんは、ちょっと書き方を変えています。千代田区麴町中学の校長である工藤勇一さんの「学習指導要領の存在が、学校をどこか窮屈にしているように感じます。この背景には、私も含め校長や教員が「考える」ことをやめてしまったことにあるのではないでしょうか」という言葉を引用しながら、「学習指導要領改訂を担当していた者として、この窮屈さをなんとか払拭したい」と書いています（『学習指導要領の読み方・活かし方』二五頁）。合田さんも一定の「法的拘束力」があることは認めていますが、少なくともこうした言い方には、わずかではあれ、「学習指導要領」の開かれた運用に向かう活路があるように思います。

†読解中心をやめる

先ほどの文中にある「教師個人の趣味にも近い授業が行われるならば」という言い回しも、さすがに言いすぎではないかと半畳を入れたくなるところです。しかし、ここで厳密に「趣味にも近い授業」について考えてみましょう。

授業の端々で、その先生の個性がにじみ出たり、先生の趣味に関わるつぶやきがもれてきたりする。その程度のことはしばしばあるでしょうし、生徒に歓迎されたりもします。逆にまた趣味に関わる話が、実は教育内容にもつながっている、そういうケースもあると思います。落語や漫才、写真や演劇・映画を題材にさまざまに話が広がり、生徒たちと先生との対話や議論が尽きることなくつづくということもあると思います。問題は「趣味」に偏っているかどうかではなく、その「趣味」に端を発しながら、生徒たちの言語活動、言葉を通して世界を捉え、人生を切り拓く言語能力を身につけるように方向づけられるかどうかであるはずです。禁止の意を込めて「趣味」を退けるかぎり、「学習指導要領」の開かれた運用はありえないのです。

そして今回の「学習指導要領」改訂で最大のポイントとなるのが、教材を読む授業を減らしていこうという方針です。あれっ、読解力の育成を目指しているのではなかったかと思わず頭に疑問符を浮かべた人がいると思います。基本的な読解力とか言ってなかったか。いえいえ、学力の三要素のひとつは、「思考力、判断力、表現力等」です。読解力という言葉は三要素に盛り込まれていません。言語運用能力において必要な四技能は「話すこと・聞くこと」、「読むこと」「書くこと」とされ、ここにようやく「読むこと」が入ってきます。「話すこと・聞くこと」は一つにカウントされているのですが、今回はこの三分の一にすぎないことがさかんに強調されているのです。

ひきつづき大滝さんの解説を読んでみましょう。「教材の読み取りへと傾斜してきた高校国語」という項には、こう書かれています。「確かに高校国語は、これまで我が国の国民の教養の涵養や伝統文化への理解を促す一翼としての役割を果たしてきただろう」。「教養」や「文化」としての国語が重視され、「実用」としての国語が軽視されてきたのはそのためである。

　こうした高校国語の成果は、日本社会が一定の共同性を共有し、いわゆる「神の存在」や「大きな物語」を共有していた時代には、それなりの説得力を有していただろう。……（中略）……

　しかし、残念ながら、社会の価値観が多様化しグローバル社会や情報社会が現実のものとなるにつれて、それらは次第にその説得力を失いつつある。今や「教養」の実体は拡散し、一部には、教師が一方的に振りかざす「教養」の空洞化を揶揄する声さえある。（一七〜一八頁）

「神の存在」や「大きな物語」の共有が終わったというポストモダンの認識が示されていたのには驚きました。「大きな物語」もなくなったというのであれば、「学習指導要領」という「大きな物語」ももっと身軽にしてほしいものです。しかし、そこが力点ではない。もはや「教養」の生きる場所はない、だから「学習指導要領」が新しくなるのだという論旨の展開となります。そして中央教育審議会の答申「幼稚園、小学校、中学校、高等学校及び特別支援学校の学習指導要領の改善及び必要な方策等について」（二〇一六年一二月）の一節が呼び込まれます。

高等学校の国語教育においては、教材の読み取りが指導の中心になることが多く、国語による主体的な表現等が重視された授業が十分行われていないこと、話合いや論述などの「話すこと・聞くこと」、「書くこと」の領域の学習が十分に行われていないこと、古典の学習について、日本人として大切にしてきた言語文化を積極的に享受して社会や自分との関わりの中でそれらを生かしていくという観点が弱く、学習意欲が高まらないことなどが課題として指摘されている。(一八頁)

私がサンプル問題やプレテストの問題をとりあげて批評する際に、くりかえし注意喚起してきたのは、自治体の広報の文書や契約書、生徒会活動の規約、法律の条文がそのまま問題文のなかに取り入れられていることではなく、そこで掲げられた「法と契約の言説」が疑われることなく、その範囲のなかでどうするかばかりが問われていることでした。「法と契約の言説」も、それ自体は言葉で書かれたものにすぎません。その根拠は何か、そこに書かれていることは正しいのか、適切なのかという問いを挟みながら読まなければならないのに、その問いはつねに棚上げにされているということでした。

「実用的」という文書が何を指しているとしても、その文書は必ず言葉で書かれています。その言葉を検証する視線が組み込まれているかどうか。そこに疑問を投げかけていたのです。

さて、ここで解説本の著者は「教養」を重視する国語教育に未来はないと宣言したのち、中央教育審議会答申を持ち出しました。しかし、そこで答申を吟味することはありません。引用した時点で思考はストップし、この答申の内のりでどうするか、すなわち「教材の読み取り」が「指導の中心」になりすぎていたのだから是正しようという判断にいたるというわけです。その根拠は何なのか、果たしてその答申は正しいかはまったく問われないし、問う必要もないというわけです。

文科省の官僚という立場なのだから当たり前と言えば当たり前だとも言えます。中央教育審議会は文科省の諮問機関であり、その答申に官僚が疑問を投げかけたら、審議会の委員は怒ってしまうかもしれません。しかし、そうした官僚としての身の処し方を一般人に求められては困ります。審議会の答申がいつも正しいとはかぎらない。法律にも古い、新しいがあり、適切か否かも問われてしかるべきなのです。

†文学部を批判する

こうした教材読解型の授業中心のあり方を批判するときに、必ずセットになって持ち出されるのが、大学の授業です。とりわけ、問題のある国語科の先生に対して大学の授業を参考にして、指導教員のような授業を模倣しようとしているという批判が繰り出されています。果たして、そのようなことはあるのかと、これもまた疑問に思います。なかでも、標的にされるのが文学部の授業です。

大滝さんは、短期間ではあるものの「文学部の教職課程」を担当した経験をもとに、こうふりかえっています。

> 学生の様子を見ていて当時よく感じていたことは、高校国語における「講義調の授業」が問題視される背景の一つとして、大学の講義内容を教科内容のゴールと同一視している国語科教師の認識があるのではないか、ということである。こうした教師の認識は、必ずしも全てが否定されるものではないが、この認識を絶対視してしまうことには問題も多い。（二一一頁）

言うまでもありませんが、これは印象批評にすぎません。「講義調の授業」ばかりをやる高校の先生がいたとしたら、その先生は「大学の講義内容を教科内容のゴールと同一視」しているのではなく、そもそも生徒の声を聞くという基本的なふるまい方を身につけていないだけでしょう。そもそも大学の授業が「講義調の授業」ばかりになっているというのも、やたらに大学にアクティブ・ラーニングを要求する教育改革と同じく、個人的な経験を全体にも当てはめて考えた固定観念にほかなりません。いまどきは、そのような授業をやっていたのでは、大学でも学級崩壊が起きてしまいます。

しかし、みずから学んだ専門性をともすれば得々として披瀝して、生徒の声を聞かない教師について、奥深い学問を「水源」という皮肉な比喩にした上で、その「勘違い」を次のように指摘しています。

> こうした教師は、なぜ自らの「水源」の深遠さを隠さず、進んで披瀝しようとしてしまうのだろうか。その理由は一つではないだろうが、筆者に思い浮かぶのは、教師が自らの学んだ大学での講義を再現しようとしているのではないか、再現までは言い過ぎだとしても、教科指導法などを除く、高校生に直接的に関係のある、日本文学や漢文学、日本語学などの学問に関する大学の講義を単に平易にしたものが高校の授業であると「勘違い」しているのではないか、ということである。（一二三頁）

中等教育の学校職員であるにもかかわらず講義調の授業に自己満足している教師は、いずれ「遺物」と化すであろう。しかも、その遠因は、文学部の大学教授たちであると名指ししているのです。翻訳すると、あなたたちはそれですむかもしれないけれども、真似している人たちがとんでもないことになっていますよ、というわけです。こうなったら、もう八つ当たりにひとしいと言えるかもしれません。

†打倒、訓詁注釈

文学部の日本文学科などに所属し、専門家を気取っているかもしれないが、所詮は学生のことなど目もくれず、自分の研究にのみ専念して、それを授業で得々と語って、学生が寝ていようが内職していようがおかまいなく、自分だけの世界に浸っている。そうした大学教授に指導を受け、自分たちもそうなりたいと思いながらも研究職にはつけず、高校教師をやりながら、まだその夢想から抜け出せないでいる連中。どうも、そういう仮想敵が妄想の中で飛び交っているのでしょう。

とりわけ、批判の対象となるのが「訓詁注釈」です。国語の教育方法の歴史をふりかえり、明治中期には「訓詁注釈」の授業方法が生まれたと指摘したあとで「一つ一つの字句を正確に理解することの重要性」を成果としながらも、その後、こうした手法が「長きにわたって継続されてきたことも驚くべきことかもしれない」とちらりと皮肉を言った上で、次のように言うのです。

現在でも高等学校の国語科教師には、文学部出身者が多く、中には大学院で修士や博士の学位を取得した教師も一定数存在している。したがって、このように、学問の手法としての訓詁注釈が指導方法としてそのまま定着し続けているのかもしれない。（三六頁）

これでは大学院出身の高校教師たちは気の毒です。この引用にある二つの文をつなぐ「したがって」ほど、悲惨な接続詞はありません。学位の取得と「訓詁注釈」の指導方法としての定着には何の因果関係もないはずです。それは思い込みと偏見にすぎません。しかし、それが論理的思考力を求め、多様性を強調する「学習指導要領」解説本において、堂々と主張されているのです。

この対極に好ましい存在として置かれるのが、教職大学院なのでしょうか。文学部やその上にある大学院ではなく、教員養成学部、そして教職に特化した大学院こそが、望ましい、あらまほしき経歴と言いたいのかもしれません。しかし、ここまであからさまにその出身学部や経歴について単純化、一元化する記述は見たことがありません。

†曖昧な言葉たち

心理統計学とテスト理論を専門とされる南風原朝和（はえばらともかず）さんは、東京大学の二〇一八年秋の公開講座「高大接続改革の縺れ（もつれ）」（YouTube公開）において、痛烈な高大接続改革への批判を展開し、「大学入学共通テスト」における英語の民間試験導入、数学・国語における記述式試験の導入がいかに公平性・正確性において疑問だらけであるかを指摘していますが、そのなかで「思考力、判断力、表現力等」という学力の三要素の一つにも疑問を投げています。すなわち「思考力」や「表現力」はまだ計測可能であるが、「判断力」についてはどのように計測したらいいかが分からない。「あなたは判断力が不足しています」と言われたときに、どのように「判断力」を上げていったらいいのか、指導の方法があるのだろうかというのです。

これは、「学校教育法」から始まる「法と契約の言説」に書き込まれている言葉なのですが、厳密に考えると「学力の三要素」に指定された言葉ですら、このような曖昧さ、不透明さを抱えているのです。そうした弱点を同じように抱えた言葉が他にもたくさんあります。その一例が「資質・能力」という言葉です。

「資質」と「能力」はなぜ、このように並んで記されているのでしょうか。この言葉がさかんに用いられるようになったのは、二〇〇六年の「教育基本法」改正以降のことです。改正後の第五条第二項に、義務教育の目的として「各個人の有する能力を伸ばしつつ社会において自立的に生きる基礎を培い、また、国家及び社会の形成者として必要とされる基本的な資質を養うこと」が掲げられました。このとき「能力」は伸ばすもの、「基礎」は培うという動詞と組み合わされ、「資質」は養うという言葉がセットになって出てきます。

本来的には「資質」とは、「生まれつきの性質や才能」を指し示し、先天的であることを条件としています。だから、「資質がある」とか「資質に恵まれる」といった言い方が一般的な用例で、他動詞とは結びつきにくい言葉でもあったのです。おそらく困ったあげくでしょう、田中壮一郎監修『逐条解説　改正教育基本法』（第一法規、二〇〇七年）では、「資質」について「能力や態度、性質などを総称するものであり、教育は、先天的な資質を更に向上させることと、一定の資質を後天的に身につけさせるという両方の観点をもつものである」と解説され、「能力」を含む広い概念として設定されることになりました。

これはかなり特異な使い方でもあります。「資質」を「後天的に身につけさせる」という言い方自体が日本語としてこなれていませんし、無理な用例となります。しかし、文科省の報告書「育成すべき資質・能力を踏まえた教育目標・内容と評価の在り方に関する検討会――論点整理――」（二〇一四年三月三一日）あたりから、「資質」と「能力」が組み合わさって「資質・能力」となっていきます。こうなると言葉の意味に歪みが生じます。先天的な「資質」を教育によって磨きをかけたり、潜在的な力を発揮できるように促したりすることは、稀にはできるかもしれません。しかし、目的を定めて計画的にできるものではありません。教育も環境のひとつだとこじつけて、「後天的に身につけさせる」と気軽に言えるものではないと思います。

ところが、「資質・能力」と中黒一つで並列してしまうことによって、「身につける」「育成する」といった動詞の目的語になっていきました。「教育基本法」に書き込んでしまった以上、その言葉が一人歩きし、下位の省令や告示のなかで使わなければならない言葉として増殖し、成長していったのです。

先天的な性質や才能まで操作できるとなると、言葉の上での万能感は著しいものがあります。「能力」の獲得を教育の目的とするだけでなく、その人の生来の「資質」まで改変できるとしたら、教材などを読み解くことよりも、はるかに大きな成果になるでしょう。空想的な教育論議はかぎりなく広がっていきます。言葉にして出してしまえば、言ったとおりになる、いや、なってほしい、なるにちがいない。みごとなまでに言葉の呪術性にはまっていく言説のオートマティズムが働いています。しかし、それは「信仰」の一種に過ぎません。目を覚ますべきなのです。

†「資質・能力」ベースの幻想

芥川龍之介の「羅生門」は、これまで「国語総合」の定番教材の一つであり、ほとんどの教科書に採用されていた短篇です。慣れているからやりやすいという教師たちの声もあります。実際に私の関係した教科書で「羅生門」を外して、同じ芥川の「蜜柑」を収録したことがありましたが、先生たちの反応が今一つであったため、次の改訂のときに元に戻さざるをえませんでした。先生にも、そして生徒にも強い支持者がいることは確かなのです。

しかし、こうした定番教材を教えるという発想がまず批判対象となります。まず、「学習指導の基本的な考え方として、国語に関する資質・能力の育成を目指すことを最重要視する」という立場から、国語の授業を通して「どのような言葉の力を身に付けさせるかを何よりも優先させる」と言うのです。

> こうしたことを踏まえたとき、これまでの高校国語に根強かった「教材ありき」の考え方からの脱却がどうしても必要となる。（四三頁）

「羅生門」の授業や「山月記」の授業、「水の東西」の授業、「源氏物語」の授業ではいけないのだと言います。これらは教材名にすぎず、それ自体が「資質・能力」を示しているわけではないというわけです。しかし、ほんとうにそうでしょうか。その批判をもう少し丁寧に追いかけてみましょう。

また、特に文学的な文章に顕著な傾向であるが、大学における学問体系の影響も強いと考えられる。日本文学は、時代別に、例えば、上代文学、中古文学、中世文学、近世文学、近代文学、現代文学などと整理されるが、それらの研究は、当該の時代における作品研究や作家研究から成り立っている。大学に所属する研究者の多くは、特定の作品や作家に関する研究者である。こうした学問体系自体には何ら問題があるわけではない。しかし、大学でこうした学問を学んだ国語科教師が、その感覚をそのまま授業に持ち込んでしまうことには問題がある。「羅生門」の授業の前提には、あくまでもそれを教材として育成しようとした資質・能力（指導目標）が必ずあるはずである。ところが、そのうち、そうした目標意識が薄れ、「羅生門」を取り上げることが前提となっているのではないか。そこに、文豪作家だから、名作だから、という理由がないとは言えないだろう。子供に身に付けさせたい国語の資質・能力ではなく、

教師自らが魅力を感じているからという教師サイドの指向が優先してしまうのである。（四三〜四四頁）

おそらく大学教員であれば、この記述を読みながら、目をこすることになるでしょう。これはいったいいつの時代の「学問体系」を相手にしているのだろうかと。少なくとも、私は三〇年間に及ぶ大学教員としてのキャリアにかけて、このような「学問体系」はもはや存在していないか、あるいは部分的に残っているとしても、ほとんど遺物になっていると断言します。もう、どこにも見られなくなった幽霊を引っ張り出して、それを叩いたところで、どうなるものでもありません。

一定年齢以上の先生たちはこうした「学問体系」に染まって、「そのまま授業に持ち込んで」いるのではないか。そういう反論が来たら、ただちに答えます。それはかつての「学問体系」によってそのようになっているのではなく、そもそも生徒を見ようともしていないし、教材にもきちんと向き合おうとしていない、ひたすら怠惰な先生だからなのです。そもそも、いまどき「文豪作家だから、名作だから」という理由で定番教材に愛着を抱くような先生がどこにいるのでしょう。

その教材に愛着を抱くとしたら、それは教材に誘発されていく生徒たちの反応がそのつど多様で生き生きとしてくるからにほかなりません。予想外の反応に驚き、発見しつづけられるからこそ、その触媒となった教材にこだわるのです。

百歩ゆずって「資質・能力」ベースの教育に切り替わるべきだという主張に対して、「能力」の育成という一点において、賛成してもいいでしょう。ただし、そこで私は「資質」にまで手をつけられると思うほど、傲慢にはなれません。教師が差し伸べられることは、きわめて限定した範囲のことです。しかし、ひとつの教材を通して、生徒たちのさまざまな「能力」を引き出し、それを伸ばしていくことは可能です。でも、それにはどのような教材を選ぶか、教材自体のインパクトや魅力がなければむずかしい、それだけは断言できます。

†どんな「能力」を伸ばすのか

では、「資質・能力」ベースの指導に移すとして、「羅生門」の授業で目指されているのはどのようなものなのでしょうか。

大滝さんは、現行の「学習指導要領」のなかで「国語総合」の「C　読むこと」には次のような指導事項があがっていることを指摘しています。

ア　文章の内容や形態に応じた表現の特色に注意して読むこと。
イ　文章の内容を叙述に即して的確に読み取ったり、必要に応じて要約や詳述をしたりすること。
ウ　文章に描かれた人物、情景、心情などを表現に即して読み味わうこと。
エ　文章の構成や展開を確かめ、内容や表現の仕方について評価したり、書き手の意図をとらえたりすること。
オ　幅広く本や文章を読み、情報を得て用いたり、ものの見方、感じ方、考え方を豊かにしたりすること。（二〇頁）

ところが、実際にいまの「国語総合」の授業は、アからウに集中しているだけで、エやオは十分ではないと言うのです。しかも、ウも単に心情を読み取るだけでなく、表現に即して「読み味わう」ことが求められているのだとわざわざ強調しています。そうした指導がほとんどなされていないではないかという言外のニュアンスが込められているようです。「羅生門」についてモデルとされた「授業構想例」では、このウやエに焦点をあて、「課題例」があがっています。

・盗人になる勇気がなかった下人の気持ちを変えたものは何か。
・「下人の行方」とその理由について考えてみよう。
・下人の心理と行動について、共感できるかどうか、考えてみよう。
・作者はなぜ平安時代の青年と老婆を登場させたのか、考えてみよう。
・内容・表現の優れている点と課題がある点について考えてみよう。
・この小説は、どのような物語性を提起しているか、考えてみよう。
・現代社会の視点からこの小説はどのような意味を持つか、考えてみよう。（四八頁）

引用してみて、あらためて愕然とします。このような課題は、おそらく高校の国語科の先生が「羅生門」を教える際に用いる学習の手引きや、指導事項の典型的なパターンではないでしょうか。これまでさんざん「羅生門」の授業でくりかえされてきた課題をことごとく並べて、これで改めてどのような「資質・能力」を育てるというのでしょう。

少なくとも、この本で批判されている一方的な講義形式を、これらの課題では抜け出すことはできないでしょう。たとえば、六番目の「この小説は、どのような物語性を提起しているか」という課題ひとつをとっても、高校一年生には考えようがない問いをぶつけることになります。いくら「考えてみよう」と呼びかけても、何をどう答えていいか分からない高校生はひたすら戸惑うだけでしょう。「物語性」という言葉があまりに抽象的で、高校生の一般的な語彙のなかにはないからです。

「羅生門」を「名作」と呼ぶかどうかは人それぞれの価値観がありますから、一概にはいえません。作者が二〇代前半に書いた最初期の短篇ですから、若書きのところもあるでしょうし、ことさらに尖ってみせた衒学的な部分もあります。中心となる「盗人」になるか「餓死」するかという強烈な二者択一は、観念的な設定ですから、いくらでも批判が可能です。

しかし、そうした難点がいくつもありながら、シンプルな構成と鮮やかな場面描写、そして心理の転換が少ない文字数のなかに凝縮されています。若い下人の苦悩と、その下人を外側から眺める視線が交互に入り交じり、作者の執筆時の年齢より少し下の高校生たちに、人生の岐路に立つものへの想像を刺戟し、老婆との遭遇を通して、どのように観念的な二項対立から現実の地平に降りていくかの物語が贈られるのです。

この小説にはさまざまな料理法があり、高校生の反応を誘い出す入り口には事欠きません。おそらく、長く先生をやってきた方たちには、経験に裏打ちされたさまざまな引き出しがあることでしょう。頭ごなしに脅すのではなく、まずはそうした先生たちの声に耳を傾けることから、授業改革は始めるべきではないでしょうか。

「羅生門」の授業モデルをめぐるこの節の結びには「最後に教師が指導書に書かれていた主題を板書して終わるという授業だけは避けたい」という言葉が書きつけられていました。たしかにそのような授業は避けたいものです。しかし、代わりに提案されている授業は、それと大差ありません。できない目標を掲げ、いそうにない仮想敵をつくったり、教師の側だけが何か素晴らしい「資質・能力」を授けたような錯覚に陥ったりする、そうした授業だけはできるかぎり「避けたい」ものです。

第4章

「現代の国語」と「言語文化」——高校一年生は何を学ぶのか

具体案が見えない、抽象的な議論ばかりの話がつづきましたが、もう少しお付き合い下さい。

文科省視学官の大滝一登さんの文章をやたらに引き合いに出しましたが、なかなか高木展郎さんの文章を引くことができませんでした。引けないのは、ある意味で隙がないからです。大滝さんの文章は隙だらけですが、高木さんのは隙を見せない。もっと言えば、無色透明でツルツルしていて、はあ、そうですかとご挨拶して通り過ぎるしかない。

編著の『平成三〇年版　学習指導要領改訂のポイント』を見てみました。冒頭の提言「高等学校「国語科」はこう変わる」では、最初に中教審の答申の一部が「次のように課題を指摘している」として引用されます。引用が終わると、「そこで、今回の学習指導要領では」云々と、中教審答申に基づいて、どうなったかの紹介があります。科目編成では、必修科目としてあった「国語総合」がなくなり、「現代の国語」と「言語文化」という二つの科目に分けることで、課題の解決を図りましたと来ます。その共通必履修科目の趣旨は「以下のように示されています」として、また中教審答申の引用です。

引用した後、「現代の国語」「言語文化」を必修としたあと、その充実と発展を目指して、四つの選択科目が用意されるのですが、ここでまた中教審答申の引用がつづきます。つまり、引用と解説、引用と解説のくりかえしです。ご自身が中央教育審議会や「学習指導要領」改訂チームの一員なのだから、やむを得ないのだろうと半分くらいは思いますが、しかし、これはあまりに「実用的」すぎて、電話帳を読んでいるのと変わりありません。こういう文章をやむなく書くことはあるにしても、目指せと言われたら、勘弁して下さいと言うしかありません。

これは「指導要領」の解説なんだからしかたないと思い直して、ご自身の著書である『評価が変わる、授業を変える』という本を開いてみたのですが、実はあまり変わらないのです。帯にも引かれている「はじめに」の一節を見てみましょう。

> 「評価」という用語は、Evaluation（値踏みをする）という意味とAssessment（支援する、支える）という意味とがあるが、学校教育をよりよくするためには、Assessmentとしての評価を行うことが大切である。それは、教育という営為を対象とし、学校教育全体に関わってよさを認め、子どもたちをよりよくしていくことにつながる。

どうでしょうか。一読したら、たしかにそうだなあと思います。

でも、ちょっと待って下さい。学校の先生がふだん行っている「評価」は「値踏み」なのでしょうか。麹町中学校のようなケースをのぞけば、多くの学校では定期テストの結果を踏まえて成績をつけたりしているでしょう。これは「値踏み」ですか。六五点とか八三点とか、「一点刻み」で採点するのだから「値踏み」にあたる。そうでしょうか。しかも、それを「値踏み」と言いますか。

テストの結果は重要です。それを成績に反映させもするでしょう。しかし、テストの結果を見て、この生徒は語彙が不足している、読み取りができていない、そもそもきちんと鉛筆をもって紙に濃く書くことすらできていないじゃないか。いろいろなことに気づいて、それをまたふだんの指導に活かしていく。これはふつうに学校の先生がやっている仕事ではないでしょうか。

「評価」という言葉を、わざわざEvaluationとAssessmentに分けて、いかにも後者が大事ですよと主張していますが、すでに学校の先生方は自覚しないままに十分にAssessmentをやっているのではないか、私はそう思います。多くの先生方と接して、強くそう感じてきました。しかし、経験のなかで蓄積された先生たちの知恵やふだんの何気ない観察、考察、そしてそれに基づいた指導の工夫がよく見えないままに置かれていることがたくさんあります。そのアンバランスを解消し、教師の労働がいかに複雑で、ひとつひとつの仕事にさまざまな要素が組み込まれていることを、積極的に「評価（Assessment）」する方がはるかに重要なのではないでしょうか。生徒のAssessmentはすでに部分的に行われているのですから、むしろ教師に対するAssessmentをやるべきだと言ってほしい。

この本のなかでは、またもやPDCAサイクルが猛威をふるっています。学習評価をAssessment中心にするためには、学校がグランドデザインを作って「観点別評価」という新しい評価基準に切り替えなければならない。その「観点別評価」にはこれこれがあって、その評価がきちんと機能しているかどうか、たえずチェックしていかなければならない。そのためにはこういう会議体をつくって……。

ふぁー、ですね。教育方法学とか教科教育学といった学問は、どうやらどんどん新しいネームを持ち込むことで先生の仕事を増やすことを使命とした学問らしいということがよく分かりました。

†カリキュラム・マネジメントとは

その髙木さんがもうひとつ強調していることが、「カリキュラム・マネジメント」です。今回の「学習指導要領」改訂のプロセスで多用されるようになったのですが、その意味が今一つよく分かりませんでした。

髙木さんによれば、カリキュラムは「教育課程」、マネジメントは「運営」ですから、教育課程の運営を意味する「和製英語」(!)だそうです。なんで、ここでわざわざ新しい和製英語を作らなければならないんでしょう。ガクッと来てしまう。まあ、それはともかく、このカリキュラム・マネジメントとは、それぞれの学校で「学校の教育目標の実現を図るため、子どもたちの実態や実情、地域の現状を踏まえ教育課程を編成・実施・評価する」ことを指していて、「そのことを意図的・計画的・組織的にPDCAサイクルとして検証を行いつつ、学校教育の改善・充実を図る」ことを条件としています。

ここで重視されているのが「子どもたちの実態や実情、地域の現状を踏まえ」というくだりでしょう。学校ごとに「実態や実情、地域の現状」が異なるのは明らかです。それに応じた学校の「グランド・デザイン」をまず描きなさい。そのためには校長の「リーダーシップ」が必要です。その校長のもとで「実態や実情、地域の現状」を踏まえた「学校グランド・デザイン」を計画し、次に学年ごとに段階がつけられた「学年グランド・デザイン」が用意され、さらに「各教科等のグランド・デザイン」が決まるというわけです。ここでは「教科等横断的な視点」に立つことも求められ、それぞれが「何ができるようになるか」「何が身についたか」といった「資質・能力」の育成に関連づけられていなければならないのです。

ため息をついている暇はありません。これらをすべて文書にして公表していかなければなりません。こうしたことをしていると「カリキュラム・マネジメント」を実践していることになるのだそうです。

「和製英語」には思わず苦笑しましたが、わざわざ「グランド・デザイン」と言わずとも、学校の教育目標はとりあえず校訓のようなものが存在していましたし、教育方針といえばそんなに恐るるには足りません。しかし、このように「グランド・デザイン」とあえて言い、校訓をキラキラしたカタカナ語でまぶして文章化することが重要なのでしょう。しかも、このためにたくさんの文書を作成し、表をつくり、見やすい図にしたりすることで、「カリキュラム・マネジメント」を完成させる。もちろんPDCAサイクルのマップも添え物として不可欠です。

たいへんなデスク・ワークです。やりとげると、ものすごい管理職的な充実感が得られるのかもしれません。これまで目に見えていなかった教育現場のさまざまな労働の一面が明るみに出ることはもちろんいいことです。しかし、こうした生産管理のロードマップをどんなに作っても、教室はたえず偶発的な要素や予想外の出来事に満ちています。そうした偶発性や逸脱の可能性がまったく組み入れられていません。そうなると、「カリキュラム・マネジメント」はどうなっていくのでしょうか。

†拘束力を強めよ

髙木さんの「これからの時代が求める国語の授業」(『日本語学』二〇一八年三月)には、こう書かれています。

> 中学校も高等学校も、生徒は授業の担当者を選択することができない。公教育における中学校では、学校を選択することすら難しい。また、高等学校においては、学校を選択することはできても、教科の担当者まで選択することはできない。
> だからこそ、学校が教育課程を編成し、生徒に対して、どの教師に習ってもほぼ同じような資質・能力の育成を図る授業が行われなければならない。そのためには、学校毎のカリキュラム・マネジメントが重要となる。(一六頁)

これもちょっと待ってと言いたくなります。たしかに生徒は授業担当の先生を選択できません。学校選択もできないケースがあるでしょう。でも、それで「だからこそ」になるのでしょうか。髙木さんは「全ての教師が同じ授業を行うということではない」と直後に断りを入れてはいますが、「同じ授業」と「ほぼ同じような資質・能力の育成を図る授業」

の差異ははっきり見えるでしょうか。

たとえば、同じ学年が4クラスあったとします。「国語」の担当教員は1、2組がA先生、3、4組がB先生でした。それぞれの先生の授業には違いがあり、教え方にも人気にも差がありました。ただし、定期テストなどの平均点で大きく差が出ると、低いクラスの生徒たちからブーイングの声があがります。当然、そのことを意識して二人の先生は教室に向かっていました。ほぼ同じような「資質・能力」の育成を図るとしたら、あまり授業がうまくないと言われるB先生は、テストで平均点が低くならないように工夫をするはずです。もちろん、直前に自分の担当クラスにだけテストに出そうな箇所を集中的にプリントして配りましたということになれば、これは公平性を欠いた行為です。

しかし、B先生は生徒たちとの対話や議論が得意だったとしましょう。そういう生徒を活発にできる先生がいる一方、作文や小論文の指導が得意な先生がいる、あるいは教材指導や解釈がみごとな先生がいる。そうした先生たちが担当するクラスを学年ごとに切り替わっていくようにすれば、何の問題もないことではないですか。

「学習指導要領」の趣旨をはきちがえているという声が出るかもしれませんが、さまざまな先生がいて、その組み合わせを固定化しなければ、むしろ多面的かつ総合的に能力の育成ができるとも言えるのではないでしょうか。

観点別評価も組み入れて、「ほぼ同じような資質・能力の育成を図る授業」を目指すとなると、先生たちも途方に暮れることでしょう。どこまでが同じで、どこからが個人差なのか。それを個々の先生が主体的に考えろと言っても、線引きする権力は先生自身の手を離れています。校長、あるいは教育委員会、はたまた文科省初等中等教育局視学官、あるいは国語科教育学の研究者が研究授業をのぞいて、それぞれ個性的な線引きをしてみることになるでしょう。先生たちはひたすらそれぞれの顔つきや表情を見ながら忖度していかなければならなくなるのです。

ことごとしくカタカナの文字に置き換えて、あたかもたいそうな内容であるかのように見せかける。「カリキュラム・マネジメント」もその一つです。しかし、いったん、言葉にして書いてしまえば、それによって拘束力は強まっていく。学校というのは、文科省、教育委員会、校長、教頭、さらにその下へと階層を明確にした権力関係の集約する場所ですから、ぼやっとした曖昧さが上位者への従属を強化してしまうのです。

†言葉のマジック

ふたたび大滝さんの本に戻ります。今度は編著である『高校国語　新学習指導要領をふまえた授業づくり　実践編』です。こちらは章によって著者が異なっていて、複数の著者による論集のようなかたちになっています。しかし、多くの方は「学習指導要領」改訂に直接関与されているか、あるいは『高等学校学習指導要領解説　国語編』の協力者として名前のあがっている方たちです。大滝組、大滝軍団とでも呼ぶべきなのかも知れません。

その最初の「授業づくりのポイント」という節で、やはり「カリキュラム・マネジメント」への言及が出て来ます。ここは高木さんの執筆ですが、先ほどご本人の言っていたことがどのようにアレンジされるかを見て下さい。

> 生徒は、各高等学校に入学するにあたって、学校を選択することはできても、入学後、国語を担当する教師を選ぶことはできない。それゆえ、各学校においては、どの教師が授業をしても、それぞれの学校で育成すべき資質・能力を国語の教育課程の中で身に付けられるようにする必要がある。そのためには、先に示したカリキュラム・マネジメントを、各学校の国語科として作成し、それに沿った国語の授業を行わなくてはならない。そうしなければ、生徒が不利益をこうむることになる。（九〜一〇頁）

同じ著者の文章であるにもかかわらず、ニュアンスが違うのが分かります。ここではもはや「生徒が不利益をこうむる」という言い方になっています。こうなったら、もはや先生の裁量の余地はありません。生徒にはAssessmentを与え、先生にはEvaluationをくだそう、ということでしょうか。このときEvaluationの訳語としては、この「不利益」に応じて、やはり先ほどの「値踏み」という言葉がぴったりくるように思います。「値踏み」されているのは先生たちなのです。

この引用文の直後には、「それぞれの国語の教師が、自分の授業を主張することにより、それぞれの国語の授業を行う時代は、すでに終わっている」という強烈な一文が来ています。「自分の授業」にこだわることも、先生たちがそれぞれの「個性」を活かした授業をすることも簡単には許されない。少なくとも勝手に活かしてはいけない。学校で定めた「カリキュラム・マネジメント」に従え、ということです。当初、私は、「マネジメント」というかぎりにおいて、教員ごとの自由裁量を増やして弾力性を持たせる方途として、こういう言葉を選んだのかと思っていました。間違いです。こうした解説から想定される正確な意味は、「カリキュラム・マネジメント」というより、「カリキュラム遵守ルール」とでも言うべきで、逸脱の禁止・規制が目指されていたのです。

こうして「ほぼ同じような資質・能力の育成を図る授業」があっという間に「同じ授業」にすり替わっているのが分かります。実際の意味において「ほぼ同じような資質・能力の育成を図る授業」と「同じ授業」のあいだに差異はないのです。違いはあると言い続けている人はいます。そう書いたのだから。しかし、どう逆立ちしても、そうは読めない。「ほぼ同じような」という言い回しは、「どの教師が授業を行っても、基本的に同じ資質・能力を育成できるようにしなければならない」という書き方になって、「基本的に同じ」にすり替わってしまうのです。「資質・能力」という言葉自体も曖昧であるため、どこまでが同じで、どこから違っていいのかは分からなくなり、とにかく上司の求めるとおりにやるしかないんじゃないかとだらしなく諦めていく。結局はマニュアルだよりになっていき、救いがたい画一主義教育に陥っていくのでしょう。

国語科の目標をめぐって『高等学校学習指導要領解説　国語編』の一節を引きながら、高木さんは「言葉の教育としての国語」としての性格が明確に打ち出されていると言います。そして「生徒が学習の中で、対象と言葉、言葉と言葉との関係を、言葉の意味、働き、使い方等に着目して捉えたり問い直したりして、言葉への自覚を高める」ことに注意を促しているのですが、その「言葉」についての教育がどんどん不徹底になっていく方向に持っていっていることに理解が及んでいないようです。驚くべき光景です。「言葉」の教育を謳いながら、言葉のマジックにみずからはまっていき、言葉のインフレーションを展開しているのです。

†科目の性格

さて、いよいよ「現代の国語」と「言語文化」についてふれていくことにしましょう。

ともすると選択科目の「論理国語」「文学国語」「国語表現」「古典探究」に目がいきがちで、しかも、「論理国語」「文学国語」という奇異な科目名称が話題になっています。やたらに新たなネームを持ち込むのが、いまの教育改革の特徴ですが、なかでも、この二つは福田恆存や江藤淳が生きていたら悪罵を投げつけるような日本語です。見たことも聞いたこともない名前の科目を作るだけでも、「国語」のセンスのなさをあらわにしているのですが、しかし、そこよりも「現代の国語」と「言語文化」にこそ、問題点が集約してあらわれているのです。

二〇二〇年一月に現行制度下で行われる最後のセンター試験の教科「国語」は、出題科目が「国語」、出題方法等が「『国語総合』の内容を出題範囲とし、近代以降の文章、古典（古文、漢文）を出題する」となっています。「国語総合」というのは、現在の「指導要領」に定められた必履修科目で、ほぼ高校一年生が受ける授業にあたります。もし、このままのスタイルで「大学入学共通テスト」に移行するとしたら、「現代の国語」と「言語文化」の内容を出題範囲とすることになるでしょう。

いまセンター試験を始め、各大学の「国語」の入試問題は「国語総合」を出題範囲とすると言いながら、実際の教科書と照らし合わせると、それよりもはるかにむずかしい問題文が利用されています。せいぜい漢字の出題が常用漢字の範囲というだけにすぎません。とはいえ、建前は建前です。逸脱がはなはだしければ抗議は起きます。同じように考えれば、今後の入試の出題範囲は必修の「現代の国語」と「言語文化」を基礎とせざるをえないはずです。

では、どのような性格付けがなされているでしょうか。「現代の国語」について言われるのは以下の点です。「実社会で求められる言語能力の育成」に主眼を置くこと。その上で、

論理的思考力の育成
アカデミックライティングの基本の定着
コミュニケーション力の伸長等

を目指しているとあります。これがこの科目で育むべき「資質・能力」です。そしてその「資質・能力」は「選択科目の「論理国語」や「国語表現」でさらに伸長が図られる」こ

とになり、「言語文化」「文学国語」「古典探究」においても「方法知」として活用されるというのが、ここでの見取り図です。だから、収録された作品の書かれた近現代と前近代の時代的区分ではないと主張しています。

これまで現行の「国語総合」は、近現代の教材が並んだパートと、近代以前の古文や漢文の教材が並んだ古典のパートに分かれていて、一部の進学校では、それぞれ異なる先生が担当していたりしたのです。専門性をもつことの重要性が考慮されていたと言えるでしょう。しかし、今度はそうはいきません。「育成すべき資質・能力の違いによる区分」で二つに分かれたからです。

とりわけ、その「資質・能力」の違いに関連して、「話すこと・聞くこと」「書くこと」「読むこと」という四つの技能、三つの領域について、「現代の国語」は「話すこと・聞くこと」「書くこと」に比重が割かれることになります。「読むこと」は「言語文化」で中心的に扱うというのです。それに応じて、「現代の国語」では、「現代の社会生活に必要とされる論理的な文章及び実用的な文章」が取り上げられ、「言語文化」では「文化的な価値のある文章」を扱うことになるのです。

†「現代の国語」

「論理的な文章及び実用的な文章」とは何をもって「論理的」と言い、「実用的」と言うかはむずかしいところがあります。まして「現代の社会生活に必要とされる」という限定条件があるわけですが、これだけ多様化して「予測困難」だという現代社会において、何が「必要」なのか不明確であるにもかかわらず、言葉だけは滑っていきます。ますます「現代の国語」が何を教えるか、分からなくなってきました。

やはり、頼りたいのはサンプルです。その期待に応えるべく、「年間指導計画」が八頁にもわたってついています。ただし、ものすごく細かい小さな字なので、すべてを引用するとたいへんな分量になってしまいます。知りたい方は、原本を買って読んでいただくとして、大枠を紹介しましょう。まず一学期分、夏休みまでの計画のうち、時期と授業時間数、単元名と教材例を掲げてみます。

4月上旬（4時間）聞き手に分かりやすいスピーチをしよう
　教科書「スピーチをしよう」、ワークシート
4月下旬（3時間）論理的な文章を比べて読もう
　教科書「論理的な文章を読もう」、論理的な文章、ワークシート

5月上旬（3時間）構成を工夫して意見文を書こう
教科書「意見文を書こう」、論理的な文章、ワークシート
5月中旬（4時間）問いを明確にして小論文を書こう
教科書「小論文を書こう」、新聞記事（一つの論題について異なる立場から意見を述べたもの）
6月上旬（2時間）アイデアを出す話合いをしよう
教科書「目的に応じた話合いの工夫」、映像資料、文化祭の要項、ワークシート、付箋
6月中旬（4時間）新聞の社説を比べて読もう
新聞記事（社説）、ワークシート
7月上旬（3時間）新書の書評を書こう
新書とその書評、新聞やウェブの書評を新聞の一面の活字のみの広告、イラストや読者の声入りの広告なども参考にする
7月中旬（2時間）要点を的確に聞き取ろう
討論の記録（講演要旨等の文字資料と映像資料）、ワークシート

どうでしょうか。高校一年生の新学期を思い出してみてください。このくらいのことだったらできると言えますか。

新学期早々の「現代の国語」の授業、その始まりは「聞き手に分かりやすいスピーチをしよう」からになります。「自分が関心のある事柄について実物や資料を効果的に用いて、相手の理解が得られるよう表現を工夫する活動」を目指すのだそうです。

説明によれば、「話題表」というトピックをまとめたメニューのような一覧から、関心のある話題を選んで、話の要点は三つまでと決めて、ナンバリングやラベリングをして情報を書き出す作業を行います。それを書き上げたら、ペアを組んで交換し、質問を交わしながら「スピーチメモ」を作ります。分かりやすい表現や展開、効果的な資料や現物の活用も計算して、ときに非音声言語表現も工夫し、まずはペアで練習。全員には「評価表」を渡して、聞き手としてどこを評価するかの確認もしていくそうです。そして仕上げの三分間スピーチ。質問者による質疑などをへて、「評価表」による相互評価を行う。これが主な活動内容です。

言ってみれば、ピン芸人が競い合う「R－1ぐらんぷり」のようなものですね。これを四時間かけて、最初の二週間ぐらいでやろうというのです。私が高校の先生をつづけていたら、いや、待ってくれときっと言うでしょう。まだ、高校に入ったばかりで、生徒同士の間合いも取れていません。先生と生徒の関係も相手を見計らいながら探り合っているような時間です。スピーチをしろと言われても、何を話していいのやら戸惑うことになるでしょう。「話題表」を見てそこから選べというのであれば、かぎりなく適当に、あたりさわりのない話題で、できるかぎり自分を出さず、借り着のままで臨むことになるでしょう。

ここには、人がまだ慣れない段階で話をするときの心理や環境、条件に対する決定的な無視があるのではないでしょうか。

†一五歳が見えているか

「意見文を書こう」というテーマについても同様です。そこでは「例文（論理的な文章）を引用して意見（主張、根拠、理由付け）を作成する。また反論も想定する」という活動が目指されているのですが、スピーチしたい内容がある、意見があることがここではすべての前提となっています。しかし、高校一年生がみんな「関心のある事柄」をもっていて、それについて語りたいという思いを抱き、特定の文章に対して「意見（主張、根拠、理由付け）」を持っているでしょうか。私には大いに疑問があります。

大学でも新入生を迎えて、最初の学期始めはさまざまな苦労があります。最初の自己紹介の時間を設けても、はかばかしいスピーチは出て来ない。何を言えばいいのかが分からないし、特に「関心のある事柄」もない。個々に意見はあるかもしれないが、特にそれを発表したいと思っているわけではないという雰囲気を学生たちは強く放ってきます。自分の関心や意見を正直に表明することによって、傷つくことがあるかもしれない、そうした怯えが彼らの心にATフィールドを張りめぐらせています。その防御壁をどう下げていくか、ここにはそうした知恵がほとんど示されていません。

私にはこの指導計画表の単元の数々が、高校一年生の生徒たちを見て、その観察の上で出来上がっているように思えません。このスケジュール通りに進めたら、より一層、防御壁を高くしていくのではないでしょうか。五月の連休までに、生徒たちに近づき、彼らが少しずつバリアーを下げていくように促していくこと。一年生のクラスが充実したものになるか、徒労感にさいなまれるようになるかはそこにかかっているのに、まるで反対の方向に進むことを促しているとしか見えません。

「聞き手に分かりやすいスピーチをしよう」と「アイデアを出す話合いをしよう」、「要点を的確に聞き取ろう」という単元が「話すこと・聞くこと」をめぐる授業（八時間）、「構成を工夫して意見文を書こう」、「問いを明確にして小論文を書こう」、「新書の書評を書こう」の三つの単元が「書くこと」の授業（一〇時間）、「論理的な文章を比べて読もう」「新聞の社説を比べて読もう」の二つが「読むこと」に関わる授業（七時間）となっています。「読むこと」が大半の現状に比べるとかなり少なくなっているのが一目瞭然です。理解しがたいのは新書を読む、読み通すことではなく、それより先に新書の「書評を書こう」が課題として来てしまうことです。高校一年生は新書くらいの本なら簡単に読めるという認識がないと、こういう課題は出せません。でも、ほんとうに新書をすらすら読めているのでしょうか。

教科書の本文もよく理解できていないと言われる一方で、新書を読んで「書評」を書くことが高校一年生の七月に授業テーマとなる。いや、ほんとうの「書評」というわけではありません。「書評」のようなものを少し書けばいいのです。ならば感想文でしょうか。要約を入れますか。誤読していないかどうか、誤読していたら、どこで躓(つまず)いたのか調べて、読み方を指導しなければなりませんが、この「学習指導要領」では「書くこと」をめぐる「資質・能力」を育てている授業回で「読むこと」を導入して混乱させるのはよくないことだとされています。「カリキュラム・マネジメント」の禁止事項になってしまう。いやはや、読めていない新書の「書評」もどきを作らされるのならば、いかにも「らしく見える」言葉をちりばめるしかなくなります。そういうことを生徒たちに覚えさせることが「資質・能力」の育成につながるとは到底信じられません。

†比べて読む

「話すこと・聞くこと」や「書くこと」が異様に重視されているのは明らかです。これに対して、「読むこと」は「論理的な文章を比べて読もう」と「新聞の社説を比べて読もう」の二つ、一学期に七時間だけです。どちらも「比べて」読むことが前提されていて、ひとつの文章をじっくり読むことは視野の外に置かれています。

最初の「論理的な文章」とはどのようなものか、活動方法の説明に具体的な表題は書かれていないので不明です。しかし、「複数の論理的な文章を比較し、要旨を捉え批評する活動」という説明がつけられていて、一度に二つ以上の文章を読むことが前提になっています。したがってこれまで教科書に掲載されてきた評論文のような長さを期待することはできないでしょう。三時間の範囲でやるということであれば、一つの文章を読むのにかける時間は二〇分くらいでしょうか。通読した上で、内容要約ができなければならないからです。

年間指導計画のつづき、二学期以降を見ていきましょう。今度は時期、授業時間数、単元名だけにしてみます。

9月上旬（1時間）相手に分かりやすい案内の工夫を考えよう
9月中旬（2時間）必要な情報を引き出す聞き方の工夫を考えよう
9月下旬・10月上旬（5時間）目的に応じたレポートを書こう
10月中旬（2時間）説得力のあるエントリーシートを書こう
10月下旬（3時間）説得力のある説明資料を書こう
11月上旬（6時間）論点を共有して討論しよう
11月下旬（3時間）地域の住民向けの図書館の利用案内を書こう
12月上旬（4時間）実用的な文章を的確に読もう
1月上旬（2時間）問題点を明らかにして提案をしよう
1月中下旬（5時間）特別予算を獲得するための文章を書こう
2月上旬（4時間）目的に応じて文章を比べて読もう
2月中下旬・3月上旬（6時間）多角的に問題を考える話合いをしよう
3月中旬（2時間）近況を報告する手紙を書こう

高校の先生がこれを読んで頭を抱える図が目に浮かびます。ほんとうにこの通りに授業を計画して実行するのであれば、これまでの高校の「国語」を根本から破壊しつくすことになるでしょう。おそらく大学進学を希望している生徒たちからはそっぽを向かれ、学級秩序は崩壊し、進学の実績も目に見えて低下するにちがいありません。

「説得力のあるエントリーシートを書こう」という単元では、インターンシップに向けたエントリーシートを作成させるのだそうです。高校生のインターンシップは、さまざまな場面で社会を支えている大人の労働の現場に足を踏み入れ、働くとはどういうことか、それぞれの仕事がどのように社会を回転させているのかを体験的に学ぶ機会として設定されました。ところが、当初の目論見はどこへやら、推薦入学の進学先を確保するための、ボランティアと並ぶアピール項目へと変質してきています。さらにはエントリーシートという書類形式が、自分と社会の関係へのふりかえりにつながるより、形式に適合した書き方の習熟を促してしまうという規制に目を向けなければなりません。その視点はまったくここに欠けています。

「特別予算を獲得するための文章を書こう」も失笑以外の何ものでもありません。高校生ですから生徒会に「特別予算」を請求しようということのようですが、「予算が申請できる条件、必要な手続き」を理解して「各部活動が「特別予算」を獲得できるよう説得力のある申請理由を考え、作成する」というとき、実際に必要か否かは問題ではなくなっています。「申請理由」を見つけて、形式に合わせていけばいいということになるからです。

ここでも「読むこと」は圧縮され、「実用的な文章を的確に読もう」と「目的に応じて文章を比べて読もう」の二単元、八時間だけです。前者は「実用的な文章」で、想定されているのは「高齢者に防犯対策を呼びかけるチラシ」や「被害状況を示す一次資料（図表等）」「新聞記事」「地図等」だそうです。比べ読みする対象も、「観光庁や都道府県が発表」したアンケート調査や「公的な団体が発行する情報誌やウェブページ等」を駆使して、「情報の妥当性や信頼性」を吟味するのだそうです。

†「現代の国語」の危うさ

かつて「ゆとり」教育のときに導入された「総合学習」は、いまや「総合的な学習の時間」という名称に代わり、カリキュラムの盲腸のようになってしまっていますが、そこで目指された授業が魅力を半減したかたちでそのまま「国語」にとって代わろうとしているのです。

「現代の国語」はこうして延々と「話すこと・聞くこと」や「書くこと」をやりつづける科目になっていくようです。中学校と高校の「国語」がこれによって滑らかに接続するそうです。ほんとうにそうでしょうか。

いま手元に光村図書の中学『国語3』（二〇一八年）という教科書があります。新しい

「学習指導要領」による教科書はまだ公表されていませんから、現行の「学習指導要領」による教科書です。そして解説者たちによれば、中学の教科書は十分に指導要領の理念を体現しているそうです。それを見ると、だいたい巻頭に「学習の見通し」が一覧表になっていて、収録された教材によって「どんな学習をするのか」が目に見えるようになっています。

「話すこと・聞くこと」では、「社会との関わりを伝えよう」という課題のもとに「相手や目的に応じたスピーチ」の訓練がなされ、「話し合いを効果的に進める」工夫が検討されています。「課題解決に向けて会議を開」き、合意形成に向けた方法が探られ、「三年間の歩みを振り返ろう」と題して、学習の振り返りや、学習の「メタ認知」――この言葉も推進派の教科教育学者の方たちの愛用語です――が計画されています。

「書くこと」では、「内容や目的に応じて、文章の形態を選んで書く」ことが課題とされ、新聞の「魅力的な紙面」を作ることや、構成や内容の「推敲」、「論理の展開」が求められています。「説得力のある文章」を書くとして「批評文」が課されたりしています。もちろん、まだ「読むこと」の割合が多いので、新しい指導要領に基づけば、その比重は変わっていくのでしょう。

しかし、そうだとしたら、高校の「現代の国語」は中学「国語」の延長線上にあって、同じことをくりかえすことになります（実は小学校の「国語」も大同小異なのです）。類似した課題の反復を何年にもわたってすることで、果たして多様性や柔軟性が身につくのでしょうか。もし、中学「国語」がこれによって十分な成果をあげているのだとすれば、高校は発達段階に応じた差異化をするべきでしょう。それとも、高校「国語」が教材読解中心の授業であるために、せっかく中学で身につけた「資質・能力」が色褪せていくと言うのでしょうか。

私は、推進派のすすめる「現代の国語」では、鋭敏な感受性と知的な思考力、貪欲な好奇心をもった一五歳は興味をもたないと思います。同様に、大人たちのウソと偽善とを見抜きながらも、まだ言葉との出会いをもちえていない生意気盛りの一五歳も背を向けるでしょう。そのあいだの中間層、普通を装いながら屈託を抱え、語るべき自己も主張も見出していない多くの一五歳が適応馴化を強いられていく未来が目に浮かびます。同時に集団のなかからこぼれ落ちていく一五歳の姿も。そうした未来に実現するのは、主体性と多様性を目指そうとみんなで一斉に唱和し、はずれていく人たちを少数派として排除していく教室ではないでしょうか。

†「言語文化」

では、「言語文化」というもう一つの共通必修科目はどうなのでしょうか。

この科目は、「学習指導要領」によれば、「我が国の言語文化に対する理解を深める」こと、「我が国の言語文化の担い手としての自覚」をもって他者や社会に関わろうとする態度を養うことを目標としています。「我が国の」という二度もくりかえされる限定辞がどうも「言語文化」という科目にはついてまわるようです。

そのためなのでしょう、『高校国語　新学習指導要領をふまえた授業づくり　実践編』でこのパートを書かれた信州大学の藤森裕治さんは、こういう書き出しから解説を始めています。

> 欧米の社会人と話をしていて、つねづね感じることがある。それは、彼らが日本の文化や伝統について非常に興味をもっているということである。特に英国人はその傾向が強く、日本人が古代から継承してきた文化遺産や習慣などに話が及ぶと、興味津々に耳を傾ける。また、建国の歴史が浅い国の人と話す場合では、彼らが一〇〇〇年を超える言語文化遺産をもつ我が国に対して、一種の畏敬と羨望の念を抱いていると感じることが、一度ならずあった。（七二頁）

学問には領域によってその文章のスタイルや用語などにさまざまな基準を設けていますから、藤森さんが属している国語科教育学では、こうした言説もフリーパスなのかもしれません。しかし、少なくとも人文科学の研究領域で帝国主義やポスト植民地主義の言説をくぐりぬけた世代にとって、こういう文章はアウトと言っていいでしょう。もし書く人がいたとしたら、学者集団のなかで旧世代か、かなり例外的な人だと思います。

藤森さんはどれくらいの数の「欧米の社会人」と話し合ってきたのでしょう。彼の言う「英国人」とはどのような人たちのことを思い描いているのでしょうか。イギリスはいま六六〇〇万人くらいの人口ですが、そのなかでWhite Britishの割合は二〇一一年で八七%、それ以外にアイリッシュやアジア系、インド系、パキスタン系などが占めています。首都ロンドンにいたっては四九%にすぎず、過半数が何世代も白人のイギリス人ではありません。さて、そうしたときに首都の過半数のイギリス人は日本に対してどのような関心を寄せるか。なかなかひとしなみに想像することは困難です。

この著者は「建国の歴史が浅い国の人」と「我が国」を対比させ、「一層の畏敬と羨望の念」を抱かせたことに深い喜びを覚えたようですが、そうした眼差しを送ると、どうも日本人はやたらに自己満足の笑みを浮かべるので、意識的にそのような演技をしたのかもしれません。それくらい自分に対する皮肉な目をもって、他者と接するべきではないでしょうか。

「もとより、自文化に対する知識と誇りをもたない者が、国際社会で自立した社会人として扱われることなどあり得ない」、藤森さんはそう書いています。しかし、それはずいぶん偏った認識です。中東やアフリカで内戦や混乱によって難民となり、あるいは他国に移り住んだ人がわずかな幸運と並々ならぬ努力によって国境を越えて新たな土地で活躍している、そうしたケースがたくさんあります。「国際社会で自立した社会人」というとき、そういう人たちの存在が浮かばないとしたら、思い描かれている「国際社会」とはせいぜい日本の延長線上にある名ばかりの「国際」社会ではないでしょうか。

一学期の指導計画

「言語文化」の目標や性格をめぐる抽象論になると頭が痛くなりそうです。先ほどと同じように年間指導計画を見てみましょう。同じようにまず一学期のみとし、時期と授業時間数、単元名、教材例の順にあげてみます。

4月上旬（3時間）童話の原典に触れて古文に親しもう
「竹取物語」、「御伽草子」、「伊曾歩物語」等及びその現代語訳

4月下旬（4時間）「百人一首」のモチーフを捉え、和歌に親しもう
「百人一首」、俵万智「みだれ髪」、枡野浩一「かんたん短歌の作り方」
5月上旬（4時間）和歌や随筆に表れた「季節感」を読み味わおう
薄田泣菫（きゅうきん）「桜の花」、俵万智「さくらさくらさくら」、「古今和歌集」「山家集」他
5月下旬（5時間）和歌・俳諧の表現を把握し、韻文を読み解こう
短歌（万葉・平安から近代短歌・現代短歌まで時代を問わず）、発句及び俳句（近世の俳諧から近代俳句・現代俳句まで時代を問わず）
6月上旬（4時間）観察から創作へ～知識・体験を短歌・俳句で表現しよう
我が国の伝統や文化に関連する文章、俳諧や俳句、俳諧や俳句を取り上げた文章、など
6月下旬（5時間）小説に表れた「家族観」を読み味わおう
「とんかつ」（三浦哲郎）、「子供たちの晩餐」（江國香織）
7月（5時間）小説に表れている日本人の伝統的なものの見方を捉え、内容を解

釈しよう
川端康成「バッタと鈴虫」

並べてみると圧倒的に古文中心で現代文をまぶしているのが分かります。古典の学者のみなさん、そして古典を専門にしている先生方、しかし、うかうか喜んではいられませんよ。単元名の結びから見ると、親しむ、味わう、読み解く、表現する、読み味わう、解釈するという作業が想定されているように見えるけれども、実はきちんと古文を読もうという意思は示されていないのです。

「童話の原典」にふれるにしても、現代語訳が掲げられているように、実際の古文は眺めるだけで、訳文を通して内容をつかむことになっています。「百人一首」は本来は中学校で一度はくぐりぬけているはずですが、ここでは「モチーフ」（すなわち動機）に注目するだけなので、俵万智のチョコレート語訳「みだれ髪」や枡野浩一のエッセイ「かんたん短歌の作り方」が主となるのでしょう。和泉式部や式子内親王たちから与謝野晶子へ、そして俵万智へという、古典から現代への系譜をたどるというわけです。

恋話（こいばな）で生徒を釣るというのは、先生が困ったときに採る手段ですが、俵万智によって甦る（よみがえ）与謝野晶子の歌はなかなかに性愛の快楽にあふれています。ずいぶんストレートな官能表現で歴史や言語の隔たりを超えてしまおうという作戦です。

†読まずに味わえるか

しかし、次の「季節感」をめぐる単元で、薄田泣菫の「桜の花」とはどういう選択なのでしょうか。詩人の薄田泣菫は無類の随筆家としても知られていて、『茶話』（洛陽堂、一九一六年）に始まる随筆集を大正末から昭和初めにかけてたくさん出しました。本好き、随筆好きからするとかなり渋好みの書き手ですが、その「桜の花」というエッセイはこんな文章で出来ています。

　桜こそは、春の花のうちで表現の最もすぐれたものの一つであります。しとしとと降り暮らす春の雨の冷たさに、やや紅みを帯びて悲しさうにうなだれた蕾（つぼみ）といふ蕾が、一夜のうちに咲き揃つて、雨あがりの金粉をふり撒いたやうな朝の日光のなかで、明るくほがらかに笑つてゐる花の姿は、多くの植物に見るやうな、蕾から花への発展といふよりも、むしろすばらしい跳躍であります。感激といふよりも、驚異であります。第二楽章なしに直に第三楽章への躍進であり、表現と高興との中心への侵入であります。蘇へる生命の歓びに、やつと新芽を吹いたばかりの草も、木も、饒舌家（おしやべり）の小鳥も、沈黙家（むつつりや）の獣も、さすらひ人の蝸牛も、地下労働者のもぐらもちも、みんな魔術にでもかかつたやうに、いい気持になつて夢を見てゐるなかに、この桜の花のみは、ながい三春の歓楽を僅二日三日の盃に盛つて、そこに白熱した生命の燃焼と豪奢の高興とを味ひつくさうとするのであります。

この文章を味わおうとすると、そう簡単ではありません。桜の開花を「表現」とたとえた冒頭から独特な比喩のつながりがこのエッセイを貫いています。「うなだれた」つぼみが咲きそろう姿は「笑」いになぞらえられ、開花を「跳躍」といい、第二楽章を飛び越えた「第三楽章への躍進」であり、「表現と高興との中心への侵入」という難解な言い回しが来ます。これらを解説することなく、このエッセイを読み味わうことは果たしてできるのでしょうか。

さらにこのあと「むかし徳川の末、たしか弘化の頃であつたと思ひます。名古屋に山本梅逸の弟子で、小島老鉄といつた画家がありました」と話題を一転して、近世の文人のエピソードが紹介されます。冬の寒さのきびしい折り、貧しい老鉄のもとに「炭三俵」が届きました。老鉄は六〇日はもつかと思われた三俵の炭をいっぺんに燃やして暖を取り、一日で灰にしてしまったと言います。「まるで大尽になつたやうな気がする」というその享楽的な態度は、「生活の跳飛」「経験の躍進」であり、「新しい心持の世界の新発見」だったと述べて、「桜の花」に通じると結ぶのです。

わずか一四〇〇字くらいの短い随筆のなかにこうした世界がつまっています。渋好みといったのもうなずけるでしょう。「山本梅逸」という江戸後期の文人画家の名前を出して、ほら、知っているでしょ、あの有名な山本さんの知り合いでね、と小島老鉄の話に移っていきます。一定の教養と知識の蓄えのある人が読者として想定され、自然界で起きる桜の一斉開花を、貧しい文人のポトラッチ(蕩尽)の喜びになぞらえたエッセイなのです。小遣いでためていた貯金をぱーっと使い切ってしまう楽しさってあるよねと言っても、たぶん高校生には伝わりにくいでしょう。ここには爪に火をともすように倹約して暮らすつましい生活と冬の寒さに耐える暮らしが重ねられ、偶然に得られた幸運をいっぺんに使い切ってしまう快楽と春の祝祭の気分が比喩的にとらえられているのです。

和歌や随筆に表れた「季節感」といっても、それは実に単純ではない。どのように表現されているかということとセットです。その奥深さを知るためにはこのエッセイをしっかりと読まないわけにはいかないのです。

指導計画のなかには、さらに俵万智さんの「さくらさくらさくら」があがっていました。教育出版の教科書『現代文B』にいまも入っている教材です。高校二年生の四月に扱う教材としていまは使用されているものですが、その教科書ではこのエッセイだけで五、六時間を要すると想定されています。それを泣菫の「桜の花」や和歌と合わせて読み味わうのだという。内容を読み解く必要はないというのが、この人たちの主張なのですが、どう逆立ちしてもそれでは高校生に通用しません。このような指導計画は無理と言わざるを得ないのです。

†小説が読めていない

一学期の終盤は、小説が三編つづきます。三浦哲郎の「とんかつ」、江國香織の「子供たちの晩餐」、そして川端康成の「バッタと鈴虫」です。

三浦哲郎の「とんかつ」はしばしば教科書に採用された短篇小説で、東尋坊近くの旅館の女将さんの語りで物語が始まります。三八歳の母親と一五歳の息子の二人連れが宿泊客で、はじめ女将さんは母子心中ではないかと疑います。しかし、ほんとうはその息子が曹洞宗の大本山永平寺で僧侶になる直前、俗世の名残りを惜しむ旅であったと分かります。息子の好物がとんかつです。二人の最後の晩餐に女将はとんかつを御馳走する。それから一年後、修行中に足を折って入院した息子を母が見舞いに来て、ふたたびこの旅館に立ち寄ります。前とは大違いに凜とした息子の修行僧ぶりを目の当たりにして、何を御馳走したらいいか、女将は一瞬迷います。禅宗では肉食は禁じられているからです。しかし、母の思いを汲んだ女将は精一杯のとんかつを供します。息子は寺の掟があるにもかかわらず、合掌してとんかつを食すのです。

さて、この小説から「家族像」を抽出するのだそうです。もちろん、この母子関係は重要です。僧侶になる息子と俗世に残る母親です。入門することは住む世界を変えることを意味し、その選択は生涯つづく。そういう別れのときに息子の好物を食べさせてやりたいという母親の思いは見やすいですし、黙って母の分も食べる息子の決意と覚悟も伝わります。しかし、これは「家族像」をめぐる小説ではありません。語り手である女将の物語なのです。長く旅館業を営んで、宿泊する人々を見つづけてきた人生経験豊かで人間観察にすぐれた女性のまなざしを通して、宗教的な戒律を超えた人の心のつながりが浮かび上がるのです。肉食禁止の修行僧にとんかつを出すという彼女の決断もみごとならば、それを拒むことなく、わざわざ合掌して食べる息子の姿には母と女将の思いを受け取るというメッセージがにじんでいます。

この「とんかつ」については、長年、アメリカ在住の日本文学研究者として活躍されていた熊倉千之さんが「日本文学の声　作者の語り—物語（日本の小説）の読み方・教え方—」というブログ（http://www.chikumashobo.co.jp/kyoukasho/tsuushin/rensai/nihon-bungaku/

001-01.html）で、みごとな読み方・教え方のレクチャーをされているので、そちらもご覧下さい。

反対に江國香織の「子供たちの晩餐」がなぜ選ばれたのか、もう想像がつくでしょう。この小説は、ママとパパが夜に外出し、留守番をすることになった四人の兄妹が主人公です。ママの料理はいつも「完璧」で、生活習慣病になる気配は一ミリもないくらい、健康に気をつかった食事になっていました。子供たちはママとパパを送り出した後、六時になったら、庭に穴を掘って、ママが作っておいてくれた食べものをすべて埋めてしまいます。それから隠していたファストフードや糖分たっぷりのジャンクフードをたらふく食べ、ふたたび何食わぬ顔で、ママたちの帰りを待つというお話です。

「禁止事項」をすべて解放した大騒ぎと、その「スリルと罪悪感」が子供たちを興奮させます。親に見せる顔とそうでない顔の二面性をめぐる話ですから、親の管理の裏をかいた「恐るべき子供たち」を描いた谷崎潤一郎の「少年」にも通じる短篇と言っていいでしょう。ここでの「家族像」はどうなるのでしょう。「とんかつ」に心温まる母子の交流を見て、「子供たちの晩餐」に欲望に身を任せるままに進行する家族の解体を見る。まさかとは思いますが、そのような対比を読むのだとしたら、これほど貧弱な授業はないと言えましょう。

食べることは生命の維持に不可欠だけれども、健康に留意するだけでは食の快楽をおおいつくすことはできません。ジャンクフードにはジャンクフードの快楽がある。開きなおりともみまがう欲望の肯定が江國のテクストには潜んでいます。しかし、対極のように見えますが、「とんかつ」の修行僧も禁制を犯して肉食するわけですから、とんかつの甘味を噛みしめながら、彼もまた同じ晩餐の快楽を味わったのです。食べることをめぐるアンソロジーを編むとしたら、たしかに並べてみたい二編ですが、そうした探究に使うべき小説をまったくヘンテコな単元に持って来ています。「家族像」をめぐって考えるというのは、小説の企みを読み誤っているとしか言いようがありません。

文学を軽視していないぞというつもりなのでしょうが、こうした小説の利用法はやはり小説を軽くみている証しだと思います。いや、どうも小説だけでなく、この本の書き手たちはいずれも文章を読むということを十分理解できていないのではないでしょうか。

†際立つ貧しさ

二学期以降の指導計画はどうなっているでしょうか。時期と時間数、単元名のみをあげてみましょう。

9月（3時間）　漢語の名言名句に触れ、漢文に親しもう
10月上旬（4時間）　故事成語の原典に触れて、内容を解釈しよう
10月下旬（4時間）　漢詩と和歌や俳句を比較して読み、情感を捉えよう
11月上旬（6時間）　テーマを設定して、和歌や俳句、詩に表れている伝統的なものの見方や感じ方、考え方を探究しよう
11月下旬（4時間）　随筆や説話に表れている伝統的なものの見方や感じ方を捉え、内容を解釈しよう
12月（5時間）　随筆や日記文学等に表れたものの見方を読み解き、情感を捉えよう
1月（4時間）　諸子百家の思想を比較して読み、ものの見方や考え方を深めよう
2月（4時間）　時候・天文の季語をテーマにして季節のエッセイを書こう
3月（6時間）　テーマを設定して、物語や随筆、日記文学に表れている伝統的なものの見方や感じ方、考え方を探究しよう

古典を教えたことのある先生ならば、これでは古文漢文の勉強にならないと直感することでしょう。漢文が名言名句、故事成語のあと、漢詩に少し言及し、あとは諸子百家の思

想になる。故事成語の成り立ちで漢文を読むくらいで、あとはその趣旨について取り上げるだけのようです。

この指導計画が表しているのは「言語文化」という科目の決定的な貧弱さです。藤森さんは「自文化に対する知識と誇り」と書いていましたが、ここには「知識と誇り」を感じさせるものはありません。「伝統的なものの見方や感じ方」という言葉だけをくりかえし、中味のない旅行代理店の宣伝コピーのようです。

川端康成の「バッタと鈴虫」についても、なぜか小説とは関係のない作業をさせることが提案されています。同じ川端の「雪国」冒頭の原文とサイデンステッカーによる英訳を並べたり、「美しい日本の私」に引用されている二首の和歌とその英訳を対比させたりするのです。「主格が省略されるという特徴」が日本語にはあり、それが「語り手との視点の同化」や「時間と場面の推移の感覚」などを生むことを説明するそうなのですが、なんとなく雰囲気でわかってしまうらしい解説文と異なり、高校生にこれを説明しようとしたら、どれくらいの時間が必要になるか。また、それを説明できる先生たちの技量も問われることになります。いったい、どこに向かおうというのでしょう。

川端を取り上げたパートでは、末尾に参考文献として金谷武洋さんの『日本語が世界を平和にするこれだけの理由』（飛鳥新社、二〇一四年）があげられています。金谷さんはカナダ在住の日本語学者で、三上章の日本語文法論を支持している方です。学校文法とは対立する論陣の学者の文献をあげたのは、何か意図があるのでしょうか。

この文献には帯に「日本人が英語を苦手なのは、日本語が素晴らしすぎるから！」とある一方、紹介文には「私たちが学校で習った日本語は、間違っています！」と出ています。文科省半公式本である本書で、こういう惹句の文献を推奨することに、喜劇を見るべきなのか、悲劇を見るべきなのか。主語と主格をめぐる問題にしても、日本語学のなかでもまだまだ確定できないホットなテーマです。それを何となくぼんやりと教えるという発想についていくことはできません。

†悲しき「言語文化」

「現代の国語」に対して、「読むこと」をめぐる授業は「言語文化」にあずけられていました。小説を載せられるのは、この「言語文化」だということになっています。しかし、残念ながらご覧のような状態です。

川端の「バッタと鈴虫」も、かつて多くの教科書に採用されていた掌篇小説ですが、いまではほとんど消えています。なぜ、消えたのでしょうか。

この小説は、旧制の高等学校に通う「私」が物思いにふけって夕暮れ時の土手を散歩したときに、偶然、目に入った光景を中心に置いています。二〇ばかりの色とりどりのお手製の提灯を掲げた子どもたちが一生懸命、草むらにいる虫を捕ろうとしていたのです。その美しい情景に想像を刺戟された「私」はひとりの男の子が「バッタ」をつかまえたと言って、ひとりの女の子に手渡しする場面を目撃します。

そのとき女の子は「あら！　鈴虫だわ。バッタぢやなくつてよ」と目を輝かせます。「ああ、鈴虫だよ」と男の子はつぶやき、虫かごをのぞきこむ女の子に自分の提灯を近づける。そのとき提灯に書かれた名前が女の子の白い浴衣に緑色の光となって映ります。一方、女の子の提灯に書かれた名前も男の子の胸のあたりに浮かびでます。

たしかに美しい情景です。その情景に気づいたのは目撃した「私」だけで、女の子も男の子も気づいていません。そして「私」はこう思うのです。

不二夫少年よ！　君が青年の日を迎へた時にも、女に「バッタだよ。」と言つて鈴虫を与へ女が「あら！」と喜ぶのを見て会心の笑を洩し給へ。そして又「鈴虫だよ。」と言つてバッタを与へ女が「あら！」と悲しむのを見て会心の笑を洩し給へ。

更に又、君が一人ほかの子供と離れた叢で虫を捜してゐた智慧を以てしても、さうさう鈴虫はゐるもんぢやない。君も亦バッタのやうな女を捕へて鈴虫だと思ひ込んでゐる

ことになるであらう。(新潮社版『川端康成全集』のテクストによる)

この一節を見るかぎり、この小説は伝統文化にのみ内容を還元できるものではないことは明らかです。タイトルの「バッタと鈴虫」は子どもたちの好きな「虫」の同類とはいえ、紛れもなく価値の優劣のついた存在であり、同時に比喩にもなっているのです。まして、最後の一文、「君も亦バッタのやうな女を捕へて鈴虫だと思ひ込んでゐることになるであらう」には、川端康成にある悪意、さらに虚無的な男性中心主義が端的に表れています。そしていずれこの子どもたちに「バッタのみが世に充ち満ちてゐるやうに思はれる日」が来ることを予言して小説は結ばれます。

いまの大学生くらいの年齢である「私」の暗く鬱屈した心によって発見されたのが、あの美しい情景です。つまり、それは「私」の心が招き寄せたものにすぎません。にもかかわらず、「私」が見つけた美しいものに「私」自身があえて暗く不吉な未来を予言する、それが「バッタと鈴虫」という小説です。美しさと残酷さの対照があまりに鮮やかに描かれていたので、一時期は教材となりましたが、徐々に姿を消していったのもうなずけます。この小説の魅力を語るには教室ではない方がいい。季節感などを教える題材にしようとしていたのであれば、それはあまりに文学の毒を知らなさすぎると言うべきでしょう。

第5章

選択科目のゆくえ――間延びしたグランドデザイン

†言葉をどのように引き出すか

前の章で見たように、どうも今回の教育改革推進派の人たちは、地上から三〇センチくらい浮いてしまったところを歩いているかのようです。なかでも、いまの高校で学校に通うことだけでもつらいと感じたり、迷ったりする高校生がいるにもかかわらず、そうした存在が目に入っている気配がありません。

いちばん端的な例が「話すこと・聞くこと」を重視しすぎていることです。たしかに、コミュニケーションの能力を欠かすことはできません。しかし、コミュニケーションの機会と時間を与えればできるようになる、そのような単純なものではありません。心を閉ざしているものに対して、扉を叩きつづけるというのは選択肢のひとつではあっても、すべてではないのです。語りたいこと、言いたいことがたくさんあるのにその出口を見失っているというのであれば、扉を示すことで、せきとめられていた思いは解放されるでしょう。しかし、それは少数です。

閉ざした心の奥が空っぽだという人にはどう対応したらいいのでしょうか。せきとめられた思いを語りなさいと言っても、何を語ったらいいか分からない、語りたいことなどないと答えるかもしれません。高校生にしても大学生にしても、あるいは大人であっても、心を閉ざした原因が分かっている人はそうは多くないのです。むしろ、分からない、分からなくなったという人が多いのではないでしょうか。

家族との関係に苦しんでいる人もたくさんいます。DVを受けているのならばまだ見えやすいかもしれませんが、親との共依存になってしまっている人はその事実を受け止められないでいます。明らかにしてしまえば、家族が傷つくことになることを怖れる人たちもいます。封印し、忘れようとしている人たちもたくさんいます。「話す」ということは、さまざまなハードルを乗り越えて、勇気をふりしぼった先にようやく出て来ることでもあるのです。

「話すこと」は「聞くこと」とセットになっていますが、しかし、「聞く」ということも簡単ではありません。定番教材である中島敦の「山月記」は、詩人を目指して虎に変身してしまった李徴（りちょう）が旧友の袁傪（えんさん）にたまたま再会し、自分の数奇な運命を話して聞かせるというストーリーですが、李徴が袁傪を、不条理な出来事をめぐる話を受け入れて聞いてくれる存在だと判断したからこそ、語り出したのです。寄席で落語を聞くときには木戸銭を払って笑いを得ようとする構えがあります。友人から進路の悩みを聞くときにはその友人の状況に対して想像力をもって聞く構えが必要です。たまたま参入したクラスの編成にはそのような関係はまだ出来ていません。

高校生ともなれば、聞く側の身勝手さ、残酷さも十分、知りつくしているでしょう。揚げ足を取ったり、おちょくったりするきっかけを与えることにもなると分かっているでしょう。それが新たないじめや暴力さえ誘発するかもしれません。子どもたちにとって学校はときに戦場にも等しいところなのです。教育を受けることは子どもにとって「権利」です。ところが実際は子どもの心理からすれば、学校に通うことが「義務」となってしまったのです。そうした国民の「義務」を強いられた末に、高校に進学してきたのです。

したがって、簡単に「話す」ことなどしたくもない、できないのです。「数学」は二次方程式とか二次関数など、教えることで身につける能力を明確にしているのに対して、「国語」は教材を教えるばかりで、身につける能力が明確でないという主張がありました。二次方程式や二次関数は、その生徒の心のなかに踏み込むことでしょうか。彼らの体験や思いを伝える道具となっているでしょうか。

「国語」はあらゆる教科の「要」にあたると言いますが、その「要」とは言葉の教育をつかさどるからです。人は二次方程式で傷つくことはありません。「英語」も同じ言葉の教育に関わりますが、単語を覚え、文法を学ぶときに、そこで発した例文に傷つけられることはありません。第一言語ではなく、後天的に学習する言語だから、べつの人格になって言葉を発し、受け取ることができるのです。しかし、母語、第一言語を扱う「国語」はそうはいきません。「話すこと」をめぐる教育は、話し方の教育だけで終わらず、話すことの内容にも否応なく関与してしまいます。話題になりそうなトピック一覧から好きなものを選ばせて話すだけならば、それ以前から話す力をもっていた生徒を伸ばすだけになるでしょう。口ごもっている生徒、ためらっている生徒たちにどのように口を開かせたらいいのか。「話すこと」を強要するのでは開きません。

だからこそ、いったん自分たちの体験や思い、過去から切り離された、だれかの書いた文章を「読むこと」が重要なのです。間接的であること、迂回することの効用がそこにあります。「話すこと・聞くこと」を重視するにしても「読むこと」が織り交ぜられて、初めて重い口が開いていくのです。

†「論理国語」

二つの必修科目を終えたあと、高校生は四つの選択科目に向き合うことになります。「論理国語」「文学国語」「国語表現」「古典探究」の四科目です。それぞれ四単位とされていて、ここから二つを選択するというのが新しい「学習指導要領」で定められたカリキュラムです。

このうち「国語表現」をべつにすると、他の三つの科目は「読むこと」と「書くこと」

が重視されることになるはずです。まずは読者のみなさんも関心の深い「論理国語」と「文学国語」について『高校国語　新学習指導要領をふまえた授業づくり　実践編』を追いかけてみてみましょう。

「論理国語」について、担当した著者の島田康行さんは、中教審答申からこの科目の位置づけや目指されている能力などを引用した上で、次のように科目の性格をまとめています。

> このように「論理国語」は、実社会において必要となる、批判的に読み、創造的に考え、論理的に書く資質・能力の育成を重視する科目である。より具体的には、種々のテキストを複数の立場や観点から批判的に検討したり吟味したりする能力を養うとともに、検討、吟味の結果を踏まえて新たに形成した自分の考えを、筋道立てて効果的に表現する能力を養う科目として構想されたということになる。（一一三頁）

「読むこと」と「書くこと」が明確に書き込まれています。そしていずれにおいても「批判的」という言葉に力点が置かれます。「批判的に読み、書くことの指導の充実を目指すのは、大学における探究的な学びへの接続を意識した」からだそうです。「読むこと」と「書くこと」の割合は六対四くらいが想定されています。でも、「評論文教材の読解に主眼を置く科目ではない」ということが強調されています。最近、大学では「アカデミック・ライティング」という科目が注目され、多くの大学で新設されていますが、それはレポートや論文の作成をサポートする授業にあたります。筑波大学人文社会系教授で、アドミッション・センター長でもある島田さんがこのパートを担当されているのは、そうした背景もあるものと推察されます。

では、「指導計画」案を見てみましょう。やはり一学期のみ、時期と授業時間数、単元名と教材例をあげてみます。以下、教材部分については私なりに要約してあります。

4月上旬（2）問題設定のトレーニングをしよう
　時事用語集、新聞記事、百科事典
4月中旬（8）論点を明確にして要旨をまとめ批評しよう
　社会科学系評論文、同じテーマの新聞論説文、同じテーマの学術論文
5月中旬（6）小論文を書くためのトピックについて、情報をノートを作って整理し、発表しよう
　新聞記事や雑誌、その他の関連書籍

5月下旬（8）資料の役割や働きに注意して考えたことを書こう
図表が含まれた自然科学系評論文、複数の図表資料が含まれた論説文
6月上旬（7）論説文とその関連資料を読み、妥当性や信頼性について討論しよう
社会科学系評論文、同じテーマで異なる視点をもつ評論文、関連資料やその根拠となる報告書等のデータ
6月下旬（5）小論文を書くために、論証のトレーニングをしよう
最初の単元でとりあげた教材、教科書の「論文・レポートの書き方」、同様の書籍、アカデミック・ライティングについての大学のウェブサイトの情報
7月上旬（8）複数の文章を読み比べ、比較したことを論述しよう
同じ事柄について異なる論点をもつ複数の文章
7月中旬（4）社説に対する意見文を書こう
新聞の社説

ご覧のように、これは「論理国語」と言っていますが、実際には大学の「アカデミッ

ク・ライティング」の基礎的な内容です。これをしっかり学んでいないと、大学四年生になって卒業論文や卒業研究の課題を作成するときになって難渋することになります。ゼミの指導教授は、何をどう書いたらいいかわからないと相談に来る学生たちに、ほぼここに掲げられているような課題を与えるか、その手間がなかったら、同じテーマで書かれた書籍を推奨してきたのです。

大学の先生たちにとっては、こうしたことを高校の「国語」でやってくださるとなれば、たしかに万々歳。苦労なく学生の論文指導ができますし、きっと大いに時間的な余裕も生まれることでしょう。

しかし、「論理国語」というわりには、論理学の勉強が少ないのが分かります。単元でいえば、「小論文を書くために、論証のトレーニングをしよう」が「論理学の基礎」と説明されているので、ここでは多少、論理学の初歩を学ぶのかもしれませんが、教材には教科書の「論文・レポートの書き方」を参照するとありますから、期待したほどではないかもしれません。哲学や論理学の教授たちはいよいよフランスなみに高等学校で「哲学」の授業が始まるのかと期待したかと思いますが、あにはからんや、哲学にも論理学にもほど遠い、プラグマティックな授業だったのです。

†絵に描いた餅は食べられるか

先ほどの「指導計画」が一学期分です。ところが、これが二学期以降も延々と続くのを見ると、この授業もかなり先が思いやられます。

9月上旬（9）様々な資料から文章の背景を推測しよう
10月上旬（6）報告文を書くために情報を集めて様々な観点から整理しよう
10月中旬（9）同じ筆者の複数の文章を読み比べ、立場や目的、内容について批評しよう
10月下旬（8）仮説を立てて意見文を書こう
11月中旬（10）学術論文を読み、自分の考えを書こう
11月下旬（9）資料を集めて、条件を付加したり、立場を変えたりして、小論文を書こう
12月上旬（3）小論文を相互に評価し合い、改善点を修正しよう
12月中旬（9）自分の考えを形成するために複数の資料や他者の指摘に出会い、新たな視点を手に入れることで考えを練り上げよう

1月上旬（8）具体的な観点を設定し、分析した内容を報告文にまとめ、自らの文章を批判的に見直そう
1月下旬（12）設定したテーマについて複数の資料を分析したり、得られた情報を関連付けたりして考えたことを発表しよう
2月下旬（9）小論文を相互批評してリライトしよう

うーん、どこまでつづくぬかるみぞ、という感じになりませんか。

私が高校生、大学生ならば、これは勘弁してほしい。しかも、二単位の「現代の国語」「言語文化」と違い、「論理国語」を含む選択四科目は各四単位ですから、授業時間数がすごく多いのがわかると思います。

「学術論文を読み、自分の考えを書こう」という単元は、一〇時間もつづきます。このとき「学術論文」というのは、「将来専門的に学びたいと考えている分野」のものから選んでくるそうなので、理工学部の機械工学に進みたいなと思っている人は機械工学の論文を、心理学部に進みたい人はたとえば臨床心理学の論文を読むことになるのでしょうか。彼らのキャリアにとって、早めに難解な学術用語や計算式に慣れておいた方がいいという親心なのかもしれませんが、予備知識なしに論文を見ることで、かえって混乱し、進路に悩み

出してしまうのではないかと危惧します。

「アカデミック・ライティング」の重要性は言を俟ちませんが、それはそのことが必要な生徒や学生にとってです。必要性を感じていない生徒たちに、長期にわたってこうした授業をつづけることは、かえって小論文や学術論文に対する嫌悪感を植えつけることになるように思います。

たとえば国際基督教大学高等学校は、二〇一〇年に日本の高校で初めて「ライティングセンター」を開設し、「チューターとの対話を通して、書き手が自分でよりよい文章を書いていけるようにサポートする文章作成支援」を組織的に行うようになりました。学びたい生徒に対して個別に丁寧な指導を行うことこそ、「書くこと」をめぐる教育のイロハだからです。この「学びたい生徒に対して」という前提が大事です。学術論文の書き方は全員が学ばなければならない課題なのでしょうか。

選択とはいえ、どの科目を選択するかは生徒が決められるわけではありません。大半の学校では、教育委員会や学校全体で決定するのであり、個々の選択は認められていないのです。髙木展郎さんが強調していたように、まさに生徒たちは選択ができない。「だからこそ」、むりやり「論理国語」の選択を強いられた生徒たちに、こうした教育を強いるのではなく、あくまでも基礎の基礎だけを短期間、教える、あるいはサポート機関を設けて個別にフォローする方がふさわしいと考えます。

このままの「論理国語」では、進学校のなかでも、大学院まで進学したいと考えているような一部の生徒だけを前提にしていることになります。選択とはいえ、それを全体化しようとしています。そもそも大学に進学しない高校生はまるで視野に入っていません。彼らの通う学校は「国語表現」を選択すればいいということなのでしょうか。では、進学するものと進学しないものが混在する学校はどうすればいいのでしょう。これも学校のなかで進学クラスと非進学クラスにきれいに分けて、切り分けて選択せよということなのでしょうか。両方がいるクラスは想定の範囲外ということでしょうか。

ユニバーサル・デザインとかインクルーシブ教育と言っているにもかかわらず、結果的に教育を通してすさまじい分断と排除を実現しようとしているのです。「アカデミック・ライティング」自体はあってしかるべき教育です。しかし、それを四単位もやりつづけることは逆効果にもなりかねない。対象と時間数を考慮しながら、再設計すべきだと考えます。

†「文学国語」

「論理国語」は、あたかも世界的な学者や研究者、一流の評論家を育成すべく、全国の高校生に均一なローラー作戦を展開する「虎の穴」プロジェクトのようでした。だとしたら、まさか「文学国語」は、村上春樹なみのクール・ジャパンのコンテンツを生み出す作家養成のプロジェクトになってしまっているのではないか。そんな不安を抱きながら、「文学国語」なる不思議な科目をのぞいてみましょう。

『高等学校学習指導要領（平成三〇年告示）解説　国語編』では、「文学国語」の性格として三つの学習事項があげられています。

> (1)　読み手の関心が得られるような、独創的な文学的文章を創作する
> (2)　文学的な文章について評価したりその解釈の多様性について考察したりして自分のものの見方、感じ方、考え方を深める
> (3)　課題を自ら設定して探究する

(1)を見ると、やはり不安的中でしょうか。(2)は批判されてきた読解中心の教育と連続していますが、そこに「語り手の視点」や「解釈の多様性」を要素として加えなさいというのが新しい点です。このパートの書き手である山元隆春さんは、読者反応理論を取り入れた文学教育を専門に研究してきた広島大学の教授です。したがって、これまでの「国語」

の教育内容や方法ともっとも連続性の高いのがこの「文学国語」になるはずです。
やはり、「指導計画」案を見ていきましょう。

4月上旬（6）小説を読んで場面を想像しよう
井上ひさし「ナイン」
4月中旬（10）言葉に対する感覚を高めよう
日本の名随筆
4月下旬〜5月中旬（6）語り手の特徴や表現の特徴を理解しよう
吉本ばなな「バブーシュカ」
5月中旬〜下旬（4）アンソロジーを作成しよう
5月下旬〜6月上旬（6）自作短歌を紹介しよう
6月中旬〜下旬（12）主人公の生き方から自分の人生を考えよう
中島敦「山月記」
7月上旬（8）古典作品を現代版に書き換えよう
「今昔物語集」、芥川龍之介の翻案作品群
7月中旬（8）小説世界をイメージしよう

一学期分だと、こうなります。井上ひさしの「ナイン」に始まり、吉本ばななの「バブーシュカ」、中島敦の「山月記」、芥川龍之介の翻案小説、川上弘美の「水かまきり」と、かなり小説が盛りだくさんなメニューです。こうやってたくさんの小説を読む、あるいはアンソロジーの編集、短歌創作という作業が挟まるのですが、そればかりがつづくというのでは「論理国語」と同じパターンになっています。「日本の名随筆」というジャンルの異なる対象も入っているとはいえ、小説ばかり扱うというのもたいへんむずかしい授業になりそうです。小説としてその言葉の仕掛けを分析すればできるというものではないからです。

他方また、中島敦の「山月記」をめぐって、「主人公の生き方から自分の人生を考えよう」という単元名になっているのを見ると、李徴の「生き方」を強調して、道徳的な解釈がふたたび顔を出してきそうです。詩人としての出世を望み、家族をかえりみず、足るを知らなかった狷介さが「虎」になった理由だという、悪評高い読解です。「臆病な自尊心」と「尊大な羞恥心」という、ねじれた言葉の組み合わせ、そして「虎」の姿を隠したまま語られる李徴と袁傪のヴェールを挟んだ対話、李徴によってふりかえられる長い時間と人の心が消え去るまでの残されたわずかな時間の対比、こうしたものが小説を動かしています。それらを「生き方」に還元せずに教えられるかどうかが、「山月記」の醍醐味です。「自分の人生を考え」るのはまだ先でいい。教室でうかつに言葉にするのではなく、大事に心のなかで反芻することこそ、「自分の人生」に向き合う一歩なのです。

†「虎の穴」第二弾

二学期以降も見ていきましょう。

9月上旬〜中旬（10）共同制作で詩を楽しもう
9月下旬〜10月上旬（8）小説の楽しみ方を知ろう
10月上旬〜中旬（4）作品論を読もう
10月中旬〜11月上旬（10）様々な資料を使って小説を読もう
11月中旬〜下旬（8）芸術作品を言葉で味わおう
12月（8）登場人物になったつもりで小説に親しもう
1月中旬（6）句会を開いてみよう
1月下旬〜2月中旬（8）映像と文章を比較して小説を味わおう

2月下旬～3月中旬（8）文芸評論を書こう
3月下旬（10）本のデザインを考えながら小説を書いてみよう

やはり、文学教育がいかにむずかしいかが分かるような気がします。一学期の「自作短歌」、二学期の詩の「共同制作」、三学期の「句会」と「小説」の創作。さて、どれだけの先生がこれらの授業をやりきれるでしょうか。

高等学校の先生たちすべてを集めて、そのなかで俳句や短歌、詩、小説を書いた経験者を数えたら、国語科の先生がいちばん多いということにはなると思います。かつてはそれなりの数もいたでしょう。しかし、いまは国語科のなかでほんの一握りの数でしょう。大半の先生はそのような創作経験もないでしょうし、大学時代でも教職課程のさまざまな単位を修得するのに追われて、創作系の授業を履修したこともなかった、まったく無縁という人が大多数だと思います。そもそも文学好きすら少なくなり、教科書に収録されている小説や詩歌くらいしか、ふだんの生活でも読んだことがないという先生も少なくありません。

教材例としてあがっているのは、「様々な資料を使って小説を読もう」で夏目漱石の「こころ」、「芸術作品を言葉で味わおう」で姜尚中の「おまえはどこに立っている」、「登場人物になったつもりで小説に親しもう」で魯迅の「藤野先生」、「映像と文章を比較して小説を味わおう」で小川洋子の「博士の愛した数式」、そして「文芸評論を書こう」で安部公房の「砂の女」があがっています。

しかし、「こころ」を一〇時間で読む際には、そのなかで「作品の成立した時代背景や関連地図、作者の置かれた状況などがわかる手紙類」を集めて、グループで討議する時間を設けるそうです。できるでしょうか。小川洋子の小説も安部公房の小説も長編です。八時間程度でこれらの小説を理解することが可能な高校生をそろえるのは至難の業です。

つまり「論理国語」と同じく、「文学国語」も絵に描いた餅です。絵に描いた餅は食べることができません。高校の国語科の先生全員が、テレビ番組の「プレバト!!」でみごとに芸能人たちの俳句の添削をする夏井いつき先生であるわけがありませんし、つぎつぎに芥川賞受賞作家を輩出した元文芸編集者の根本昌夫先生ではありません。「文芸評論を書こう」という単元がありますが、「国語」の「学習指導要領」作成に関わった方たちは、ご自分でも文芸評論くらいなら簡単に書けると思っているのでしょうか。

「文学国語」を選択科目に置いているのだから「文学」を軽視などしていない。そう関係者の方たちは豪語していました。残念ながら違います。こうしたモデル授業案を見るかぎり、「文学」をふんわり言語文化のひとつとして捉えていたとしか解釈できません。高い専門性は要求していない。作家や文芸評論家を育成するのではなく、作家もどき、文芸評論家もどきをやってみることで、表現能力を磨くのだと言うのでしょうか。それで四単位もかけるのです。深い失望を抱くとともに、そうした考え方はそれぞれのプロフェッショナルをなめていると言わざるを得ません。

†「文学」概念の狭さ

総体として、「学習指導要領」を解説する方たちの「文学」概念があまりに狭いことに驚かされます。これは文学部日本文学科とか文芸学科とかで扱う「文学」ではないでしょうか。果たして、それを普遍化して高校生たちに学ばせる必要があるのか、はなはだ疑問に思います。

いや、あんたは文学支持の守旧派だろという声が聞こえてきそうです。たしかに私は文学研究者ですが、残念ながらこういう「文学国語」を全国で推進したいとは思いません。またそのような拡張的な「文学」帝国の住人でもありません。高等学校の「国語」で学ぶべきは、ここに掲げられた文学のほんの入り口だけで十分です。小説が五篇か六篇、そして記憶されるべき詩が数篇、短歌・俳句がそれぞれ十いくつか載っていて、そのなかからいくつか選んで教えられるようであれば、それだけでもいろいろなことができます。

大学入学共通テストのプレテストを分析した章で、名和小太郎さんの『著作権2.0』は「文学」だと言いました。すぐれた評論やエッセイは広義の意味で「文学」だと考えます。大滝組の人たちが考えているのは狭義の意味の「文学」です。しかし、歴史的に古くからあるのはむしろ広義の「文学」なのです。小説や詩歌を中心とする「文学」概念は、近代以降、それもたかだか一五〇年くらいの歴史しかありません。これを切り離さずに捉えていくことが、「文学」を社会において生かすことにつながり、同時に社会を生き生きとした言葉の運動として更新させることにつながると思います。

人間のアイデンティティや主体性をめぐる哲学的な評論を読む一方、「羅生門」や「山月記」や「こころ」を読むことで、私たちはアイデンティティの壊れやすさや、他者との関係のなかで動かされていく主体の受動性について思索を深めることができます。言葉と遊びながら言葉に躓く多和田葉子の小説やエッセイを読むかたわら、言葉が世界を切り取る道具になるとともに、言葉のなかに自分を封じ込めてしまう呪縛の役割を果たすことを、すぐれた言語哲学の評論を通して学ぶことになるのです。こうした、まさに複数の資料をまたいだ統合的な教育の機会がこうした選択科目によって奪われてしまう。それは避けなければなりません。「文学国語」の「文学」の固定観念をはずして、これまで積みあげられてきた「現代文」に押し広げられるかどうか。「文学国語」の成否はそこに係っています。

†「国語表現」

新しい科目群の内実をのぞくにつれ、だんだん怖くなってきました。

では、他の選択科目は大丈夫なのでしょうか。「国語表現」はこれまでにもあった科目名です。少しは安心できるでしょうか。しかし、『高等学校学習指導要領解説　国語編』では、「新設した科目」と説明されていました。三単位であったこれまでの科目と、名前は同じながら性格が違うというのです。『高校国語　新学習指導要領をふまえた授業づくり　実践編』では、「話すこと・聞くこと」と「書くこと」の配当時間について、従来はいずれかに重点を置いて指導できると個々の先生の裁量が認められていたのに対して、「話すこと・聞くこと」と「書くこと」は一対二くらいの割合に定められ、それぞれについて「指導のねらいを明確にした年間の指導と評価の計画を立てること」が「強く求められ」ているとあります。例の「カリキュラム・マネジメント」でガチガチに縛っていこうというのです。

科目の目標等では、「実社会における他者との多様な関わりの中で伝え合う力」を高めること、「実社会におけるコミュニケーションを豊かなものにするための知識及び技能」

を身につけることなどが強調されています。ただ、たしかにそれまでと明らかに違う要素がいくつかあります。「話すこと・聞くこと」では、「他者を論理的に説得する」こと、「批判的に聞く姿勢」と「受容的に聞くこと」が組み合わされていることが特筆されています。また「書くこと」では複数の情報の統合がやはり課題とされ、「論理的な文章」「実用的な文章」に加え、「情報を活用して書く文章」が強調されていました。

では、同じく年間の「指導計画」を見てみましょう。ここでは時期の指定は省かれているので、学期毎に想定時間数をあげて、単元名を並べます。

一学期
(5)ショートスピーチをしよう(毎時間、授業冒頭五分を用いる)
(4)聞き取り名人になろう
(9)書き取り名人になろう
(4)効果的に伝えよう
(4)「敬語」の達人になろう
(10)「目的」や「種類」に応じて文章を書こう
(6)身近な「働く人」にインタビューをしよう

(3)「自分史」を書こう
(6)自分をPRしよう
二学期
(8)「志望理由書」を書こう
(4)面接にチャレンジしよう
(8)社会の話題について自分の考えを書こう
(8)メディアによる文章の違いを知ろう1(メール編)
(8)メディアによる文章の違いを知ろう2(文書編)
(14)小論文を書こう
三学期
(4)新商品の開発1　企画会議を行おう
(8)新商品の開発2　説明書とパンフレットを作ろう
(8)新商品の開発3　記者会見をしよう
(4)「悩み相談」の回答を書こう
(6)インタビューや話合いを通じて自分の考えを形成・深化しよう
(9)クラスの「名言集」を作ろう

こちらも三単位から四単位になったことで、かなり無理して授業計画が作成されているように見受けます。だれかの話を聞き取ることや、話を書き取ることに合計一三時間も費やしています。「自分史」と自己PRに九時間です。「新商品の開発」に合計二〇時間。最初はおもしろくても、次第に沈滞してくる授業に長時間つきあわせることで、忍耐という「資質・能力」を身につけさせるつもりなのでしょうか。

†自分を語るむずかしさ

「志望理由書」も「自分についてのイメージマップ」を作成し、グループで互いの「長所や特長」を書き、それをもとに「これまでの歩みや高校時代の思い出や頑張ったこと」と照合し、「志望する会社や学校と関連させ、志望理由書の設計図(「型」に当てはめたワークシート)」を作成させるのだそうです。

「自分史」といい、自己PRといい、自己を差し出すことに「国語表現」が重点を置いているのが分かります。しかし、自分をふりかえることがいかに困難であるかは、森鷗外「舞姫」の太田豊太郎や夏目漱石「こころ」の先生を思い出すまでもありません。それらは苦痛にみちた行為でもあるからです。しかし、ここではそれはかるがると越えられ、まわりから見られた自己のイメージを巧みに編集してプレゼンすることが求められています。

それが社会の要請なのだからいいんだ。そう言い聞かせている声も聞こえます。たしかにそうでしょう。しかし、そのような要請ならば昔からあったのです。前と何も変わりはありません。「型」に当てはめたワークシートに適合させながら、そのなかにどのように自分の「声」をしのばせるかに注意を払ってきました。少なくとも、「型」と「型」にはまらない自分の切り分けは裁量部分として残されていたのです。ところが、今回はそうした使い分けが消えてきています。総合的かつ多面的に生徒を評価するという大義名分が、学校に向けた顔とほんとうの顔とを一元化するように命じているのです。

クラスには、さまざまな生徒がいます。障がいとは言いがたいくらいの、わずかな個性の差にすぎないのに、目に見えて際立つ言動を示す生徒もいます。またLGBTという性的な多様性を抱えた生徒もきっといるでしょう。いまや日本語を第一言語としない外国籍の生徒、あるいは日本国籍をもっているが、日本語が十分に使いこなせない生徒もいる可能性があります。そうした生徒の多様性を想定したときに、自分をふりかえれ、自分をPRせよという課題は、クラスに複雑な様相を生み出すはずです。

もちろん、そういう機会を避けるべきではありません。それまでの表面的で習慣的なコミュニケーションの場が、突然、変化し、対立や葛藤が吹き出る可能性があります。しかし、ここであげられているような自分の捉え方で、そういう機会を招くのは賢いやり方ではありません。

しかし、この「指導計画」案は、くりかえし、そうしたリスクの高い自己語りへ生徒たちを招こうとしています。むしろ「型」に合わせる方向で、薄っぺらで陳腐な表現で覆い尽くすべく、オリエンテーションしているのです。「論理国語」の冒頭、スピーチの強要と同じく、大滝組の方たちは複雑な自己を、教育の名のもとに実に単純化しようとしているのではないでしょうか。

「国語表現」の指導計画に見られるプログラムについて、「論理国語」と比べて対照してみてください。あちらが世界的な学者や評論家の育成を目指す科目だとしたら、こちらは高卒就職組への対応科目だということが明らかです。「インタビューや話合いを通じて自分の考えを形成・深化しよう」という単元名など、完全におかしな日本語です。「自分の考え」を「形成」するというのも奇異に聞こえますが、「自分の考え」を「深化しよう」と言ったら、もっとおかしくなります。大滝組の編集チェックもここでは前よりもっとゆるくなっているのです。

さんざん「新商品の開発」作業をやらされたあとならば、ぐったりして回答を書くよりも生徒たち自身が「悩み相談」をしたいのではないでしょうか。就職したら、ずっとこんなことをやらされるのでしょうか。いいえ、そんなことはありません。若いうちは、企画会議に参加させられることはありません。新商品の開発部に回されたとしても、上司のプレゼンテーションのための資料づくりやその印刷などが主な仕事です。広報目的の晴れがましい記者会見ならば、あなたがどんなに頑張ったとしても、登壇して頬笑むのは上司なのです。そこで教わるべきなのは、いいように使われそうな「新商品の開発」をめぐる対応方法ではなく、いちはやく労働の現実にふれながら、そのなかでつぶされることなく自分を守り、開かれた人間関係を保持するための知恵、ハラスメントまがいの言葉や感情の暴力をかわしてやりすごすささやかな工夫です。

むしろ「新商品の開発」よりも、「お悩み相談」をじっくりやってみたらどうでしょう。自分の悩みや回答は、おちゃらけてもかまいません。なーんちゃって悩み事と、なーんちゃって回答を創作するのも一興です。そうした虚構を演じているなかで、ふと心の真実が断片となって表れることがあります。

詩人の伊藤比呂美さんの『女の一生』（岩波新書、二〇一四年）を読んでみて下さい。彼女は新聞連載でくりひろげた人生相談の記事をみごとな読み物に変え、かつ、悩み事と回答を組み合わせて、ひとつの文学にしました。その先達には瀬戸内寂聴さんという超大物がいます。プチ寂聴さんを目指している伊藤さんと本家の瀬戸内さんが対談した『先生、ちょっと人生相談いいですか？』（集英社インターナショナル、二〇一八年）もおすすめです。セックス、鬱、子ども、老い、死と、人生に悩み事はつきません。彼女たちの言葉がふと視点を変え、世界の見え方に変化をもたらします。まさに言葉が世界を変える瞬間がすぐれた「お悩み相談」にはつまっているのです。

むりして自分を語ることよりも、これらの「人生相談」を読みたまえ、君らの悩み事はどんな人にもついてまわることなんだよ。そう言ってあげることが、生徒たちの「表現」に勇気を与えることになるかもしれないのです。

しかし、それにしても「国語表現」で四単位。長い時間をかけすぎではないでしょうか。

†「古典探究」

人生で最初に教壇に立ったとき、相手は高校一年生、科目は「国語Ｉ」で、古典を担当しました。たまたま休職された先生の代講で、五月から非常勤講師となったので、学期はもう始まっています。あたった教材が「伊勢物語」の東下り。生徒はさっそく、ここの部分の品詞分解はどうなっていますかと、新任教師を試すような質問をする。文法は大事だけれど、それがすべてではない、そもそも品詞分解という四字熟語が因数分解を連想させて、ほんとうはおかしくないかと煙に巻いたあと、休み時間になったら職員室ですぐ品詞を調べた記憶があります。分かっているつもりでも、唐突にたずねられると、とっさに答えられなくなるものです。文法は古典の授業で必須、生徒もそう思っている時代でした。

さて、その文法教育に問題ありと言われているのが古典です。古典を習うことに意味があるのか、と昔からたえず生徒に突き上げられ、古典の授業がすばらしかったと言われる先生が少なくなるにつれて、古典の肩身は狭くなっていきました。大学の専門学科ですら、古典に関心を示す学生は多くありません。教師としての能力がとりわけ問われるのも古典なのですが、どちらかというと、学生に魅力を伝えたくてもどうしていいかわからない、あきらめてしまった先生が多いのも古典です。

その古典にわざわざ「探究」という名称を冠したのが「古典探究」です。「言語文化」がほんわか古典文化論に終始してしまっている以上、頼みの綱は「古典探究」になるはずです。正確にいうと、この科目は古文と漢文を学習の対象として、「古典を主体的に読み深めることを通して、自分と自分を取り巻く社会にとっての古典の意義や価値について探究」することを目的としています。古典嫌いが多数を占めるという認識に立って、意義や価値の強調が必要である、それは私の実感としてもよく分かります。

一学期の「指導計画」案を見ていきましょう。

4月上旬（4）大和言葉でかるた大会をしよう
古典の言葉に関連する書籍、国語辞典など、国語便覧、画用紙や無地かるた、色鉛筆など
4月中旬（4）様々な古典の文章を読もう
小学校・中学校や「言語文化」で学習した古典教材、国語便覧
4月下旬（4）古語と現代の言葉のつながりや特色を考えて報告しよう
「十訓抄」「古今著聞集」
5月上旬（4）徒然草マップを作ろう
「徒然草」、「徒然草」に関連する書籍、模造紙など
5月中旬（4）故事成語辞典を作ろう
「戦国策」「世説新語」「韓非子」など、国語便覧、国語辞典など
5月中旬（4）歌人になって和歌を詠もう
「古今和歌集」「新古今和歌集」など、ＩＣＴ機器
5月下旬（4）漢詩を四コマ漫画で表現しよう
詩経・文選などの古体詩、李白・杜甫などの近体詩
6月上旬（4）歌物語を読み比べよう

「伊勢物語」「大和物語」など
6月中旬（4）英雄や側近になって場面を演じよう
「史記」
6月中旬（4）女流日記文学から物詣の旅や宮廷生活を想起しよう
「更級日記」「蜻蛉日記」など
6月下旬（6）平安貴族の一生をプレゼンテーションしよう
「源氏物語」など、ＩＣＴ機器
7月中旬（4）文章の構造を把握しよう
「桃花源記」「漁父辞」など

やはり、そうとうに苦労の跡が見て取れます。「徒然草マップ」や「和歌を詠む」、「四コマ漫画」や「史記」の演劇化、平安貴族の「プレゼンテーション」などなど。能動的な学習を目指しているつもりなのでしょうが、どれもほんとうにうまく行くのでしょうか。生徒たちの表現が個別に優れているかどうかは判断しませんし、判断できないと思います。あくまでも「主体的」な態度で臨むかどうかを評価の対象にしていくのでしょう。

しかし、私には、一つ一つの古典があまりにも重く、これを生徒たちに理解してもらうのにどれだけの手間と時間がかかるか想像もつきません。これまで先生たちが一編の古典を読んで、ぼんやりとしたかたちであれ内容と表現とを理解してもらうのにどれだけ多くの時間を割いてきたか。一つの語、一つの言葉をかみくだいて把握するのに多くの手続きが必要でした。それを紙芝居に変えて、いっぺんに省略しようというわけです。能動的な授業も組み合わせによっては大きな効果をもたらします。ただ、ここまで頻繁にくりかえしてしまうと、効果が半減してしまうのではないでしょうか。

†分かること、分からないこと

「古語と現代の言葉」のつながりを考えること、「歌物語」を読み比べること、はたまた女流日記文学から「物詣の旅や宮廷生活」を「想起」すること、それら一つ一つもたいへんな授業になります（でも、ここで「想起」という言葉の選択は日本語として不適切です、「想起」はその人の記憶のなかのイメージを甦らせることだからです）。いや、さらっとICT機器を使って「情報」を取り寄せ、編集してまとめあげれば一丁上がりなのでしょうか。「古典探究」という科目も「探究」というわりには、軽々しくなりすぎていますし、反対に本気でこれらのテーマに挑むのだとすれば、高大接続どころか、この著者たちの嫌いな大学の古典文学の授業にかぎりなく近づいていくでしょう。

二学期以降も、この傾向はつづきます。もうすべてを列挙するのはやめます。能動的な学習の単元名だけあげてみます。「文章の情報を取捨選択して絵本にしよう」、「体験したことや感じたことを文語で書こう」、「漢文の名句で日めくりカレンダーを作ろう」、「ビブリオバトルをしよう」、「一分動画で古文の小説を紹介しよう」、「神話の世界をポスターで紹介しよう」、「日本の伝統芸能をテーマにディベートをしよう」。

ビブリオバトルは「漢文に関連する書籍」で行うのだそうです。どうせビブリオバトルをするのなら、何の本を選ぶかから、生徒の主体性に委ねてほしいものです。「漢文に関連する書籍」で指定するなら、生徒たちはそれを読み通すのも一苦労になるでしょう。結局、これではせっかくの能動的学習も、だらしないルーティンになり、おざなりの勉強しかもたらしません。

「探究」といいながら、なぜ古典の個々のテクストに向き合わないのでしょうか。文法を教えずに、どうして文語で文章を書けるのでしょうか。私には、一貫して表面だけのかいなでをして、能動的な学習をすれば「学習指導要領」に対応できるという発想法ばかりが目立っていると感じます。

古文・漢文は、たしかに生徒たちから評判が悪い。卒業生からも古典は何のために学んだのか、ついに分からなかった、そういう声が聞こえるのは事実そのとおりかもしれません。現代語訳を使うのもひとつの手です。しかし、すべてが現代語訳でいいのか。そうではないでしょう。原文のむずかしさを知る機会を与えることも重要な学習です。分からないということと、分かったようなふりをすることの、どちらがその後の人生において生きた教訓になるか。私は前者だと思います。分からない部分がある、距離や隔たりがある、それが古典です。長い歴史をくぐりぬけ、理解するための基盤となるさまざまな意味のコードや約束事、習慣が失われてしまったから、古典にはすっきりと意味を確定することのできない部分があります。考古学に近いところがあるのです。

すべてを分かるとするのは現代の傲慢にすぎません。まして分かった気になることの弊害もたくさんあります。能動的学習を中心とした「古典探究」が結果的にお茶を飲みながら軽薄に交わされる文化論しかもたらさないのでは、歴史や伝統に対する畏れや敬意が失われてしまいます。伝統は、自分たちの誇りや満足を後押ししてくれるものばかりとはかぎらないのです。

†「清光館哀史」の意義

「古典探究」は近現代の文語文も収録可能となっています。もし、文語文の枠をはずすことができるのなら、近代と古典の連続性を伝える教材として柳田國男の「清光館哀史」を取り上げてもいいと思います。一九二六（大正一五）年九月に『文藝春秋』に発表されたエッセイです。長年、これもまた定評のある教材となっていました。東北を旅する親子が「おとうさん。今まで旅行のうちで、一番わるかった宿屋はどこ」と問われて、六年前の旧暦のお盆の月夜に、岩手県九戸郡の小子内にあった旅館の記憶をたどるところから始まります。「清光館」という「気楽な名」のついたその旅館をふと再訪してみると、もう影も形もなくなっていました。村人から、漁に出て暴風雨に巻き込まれた宿の主人は帰らぬ人となり、その女房は子どもをどこかにあずけて久慈の町に奉公に出たと聞かされます。「私」は最初に訪れたときの同行者に宛てて経緯を伝えたハガキを書きます。その理由について「私」は「この小さな漁村の六年間の変化を、何か我々の伝記の一部分のようにも感じた」と書いています。

残酷な運命が人々の生活をあっという間に一変させます。「運命の神様もご多忙であろうのに、かくのごとき微々たる片隅の生存まで、一々点検して与うべきものを与え、もしくはあればかりの猫の額から、元あったものをことごとく取り除いて」しまったりする。そうした「私」の前に月夜の静かな盆踊りの情景があらわれます。清光館に泊まった六年前に見た踊りといまの踊りが重なります。「忘れても忘れきれない常の日のさまざまの実験、やるせない生存の痛苦、どんなに働いてもなお迫って来る災厄、いかに愛してもたちまち催す別離、こういう数限りもない明朝の不安」があるなかで、「はアどしょぞいな」、「あア何でもせい」という囃子詞が交わされ、踊りがつづきます。

一旅行者にはこの悲しみは伝わるまい。村人の沈黙と笑いの向こうには、深いあきらめと拒絶があります。それは簡単に分からないだろうと柳田は言っているのです。当事者とそうでないものの隔たりもありますが、まして時を隔ててしまえばもっと分からなくなり、消え去ってしまいます。この分からないということの前でいったん頭を垂れることが、歴史や伝統に対する大事なふるまい方ではないか。「古典探究」にはその謙虚さが必要だと思います。

第6章

国語教育の原点に立ちかえる——ことばの教育へ

†「学校化」の徹底

一九七〇年代から八〇年代にかけて「脱学校化」という言葉が流行したときがありました。「学校化」とは哲学者で社会運動家でもあったイヴァン・イリイチの言葉で、学校という教育制度を通して、人々の生活における基本的な価値が同一化されていく過程を指しています。しかも、外側にある価値ではなく、価値のありなしの基準を決めていく認識や思考そのものも一定の規範に統合していくことになるので、抜け出すことがいよいよ困難になる、まさにそうした産業社会のイデオロギーを「学校化」と呼んだのです。

学校は西欧的な近代化が進むなかで、その社会の構成メンバーすべてを義務教育の名のもとに学校に通わせ、心とからだを規律訓練に従うように仕立て上げていきます。一九六八年をピークとする学生運動は、「学校化」が高等教育に及ぼうとしたとき、その内部から巻き起こった異議申し立てだったと言ってもいいでしょう。しかし、学校の解体は実現できませんでした。その後、イリイチの産業社会への批判の一環として「脱学校化」の思想が登場して来ます。のちのフリースクールの運動にその系譜は生きています。

しかし、日本では「学校化」は社会のすみずみに浸透しました。高等学校等への進学率は、一九五四年に初めて五〇%を超えましたが、七〇年に八〇%を超え、二〇一〇年には九八％、以後、ほぼこの数字で横ばいとなっています。大学への進学率は、二〇一九年では五四・六七％です。女性では五八％になろうかという数字になっています。高等学校に進学しない二％は完全に社会的マイノリティになってしまいました。政治も経済もマスメディアも権力を握っているのは、大学を卒業した人たちですから、初等教育から高等教育まで学校に関与しない存在が権力に近づく術はなくなりました。小学校しか出ていない元総理大臣田中角栄の名前が最近、回顧的にふりかえられるのは、そうした人物を生み出す可能性が社会にほとんどなくなってきたからでもあります。

学校で身につける知識や技術がある一方、この世の中には学校では身につけられない知恵や行動がある。幸田文によれば、父の幸田露伴はそうした知を「このよがくもん」と呼んだそうです（幸田文「あとみよそわか」「このよがくもん」）。学校も部屋の掃除や制服、整った身なりを強制しますが、しょせん形式にすぎません。「このよがくもん」はその形式の由来や意味、歴史を言外に伝えるものでした。しかし、学校外の価値観は、学校を卒業したものたちが社会の大半になれば劣勢になり、消えていきます。家族や地域の共同体が壊れていったから学校への依存が高まるのか、学校への依存が高まるから家族や地域の共同体が稀薄になっていくのか、はっきりと言い切ることはできませんが、おそらく双方の相乗作用が働いて、より「学校化」を加速したのです。

ずっとこの間、いじめや不登校を根絶しようとさまざまな努力がなされていますが、学校という制度そのものにいじめや不登校を生みだしてしまう素地があります。学校は、社会で生きていくための力を身につけようという善意あふれた使命を帯びますが、その善意にみちた価値基準によって人を選別してしまう機能がついてまわります。義務教育にも選別の発想があふれています。生徒に対してだけではありません。個性化し、選ばれる学校になれという命令は、学校自体が「学校化」のなかに組み込まれていることを端的に示しています。序列化し、階層化することが学校には必ずつきまとう。しかも、その内面的な徹底化が行われたのです。

†「生政治」の浸透

長期欠席者のうち、不登校によるものは小学校で四万四〇〇〇人、中学校で一一万九〇〇〇人を超えて、年々、増加しています（二〇一八年度の問題行動調査による）。高等学校では五万人を前後しています。二〇〇四年の六万七五〇〇人からは下がりましたが、これは学校外の支援機関での相談やカウンセリングなどに通うことを促し、それをもって出席扱いにする制度ができてからのことでしょう。

国公立私立の小中学校で不登校の要因としてあがっているのは、「不安」の傾向が三五・九％、「無気力」が二六・六％、「学校における人間関係」に課題があるというのが一四％となっています。ここにある「不安」や「無気力」は個人的な気質や家族関係にも多少の要因はあるでしょうが、なぜ「不安」になり「無気力」になってしまうかを考えれば、学校そのものに背景を見ざるを得ません。学校が学校らしくなりすぎていくことによって、疎外されてしまう子どもたちを生み出すとすればどうしたらいいのでしょうか。

学校がこの世界のすべてだとしたら、大人も息苦しくなるのは当たり前です。会社に行きたくない、引きこもりたくなる。それは会社が「学校化」してしまっているからではないでしょうか。三〇代、四〇代の引きこもりが生まれている、いやもっと高齢者でも人間関係を断って息を潜めるように暮らしている人たちがいる。学校がすべてではない。この当たり前のことが通用しなくなった社会に私たちは直面しています。

つまり、「学校化」する社会がもはや現在進行形ではなく、ほぼ完成形にいたったたと言えるのでしょう。学校の外部というのがどこにもなくなってきている。だから、退学したにもかかわらず、引きこもってしまう。子どもも大人もあなたには「生きる力」がないと烙印をおされたように感じ、自分の存在意義を見失ったまま、ひたすら退行していくしかないのです。

学校は所詮、学校にすぎない。そこで測ることのできる「資質・能力」は人生の一部にすぎない。だれもそう言えなくなっています。ここで「資質」という言葉と「能力」という言葉を結びつけたこの用語の問題点が浮かび上がります。生来の「資質」まで、学校が計測し、育成可能な対象として指定してしまっているのです。

今回の「大学入学共通テスト」と「学習指導要領」の連携にみられる教育改革をふりかえってみましょう。すでに社会は「学校化」を完了しています。その完成の上に立って、いったん折り返した「学校化」の力が、ふたたび学校に改革のムチをふるおうとしています。

「主体的・対話的で深い学び」というキイワードは、生徒たちの主体性のなかに入り込みたいという学校の欲望を示しています。学校の規律訓練に表面的に従っていたとしても、少なくとも固く守ることのできた生徒たちの内面やその生き方に、あえて断ち割って介入しようとしているのです。もちろん「脱学校化」することなどは論外です。そうではなく、「学校化」を究極まで推進することによって、社会を構成するすべての人間、個々の人間の「生」の内部にまで浸透させ、完全に訓育の対象としていくことを目的としている、そのように見えます。

これは従来の政治権力が法による禁止や処罰、そして最大の処罰としての死刑を掲げることで、人々を支配し、管理してきたときとは異なる事態です。ひとりひとりの生を標的として、これまでは不介入であった各個人の生や倫理に介入していこうとする「生政治（バイオポリティクス）」（ミシェル・フーコー）が猛威をふるい始めたのです。それが日本の社会においては「超学校化」とでも呼ぶべき事態となって現れているのだと思います。しかし、「生政治」は、人間の内面や心、身体の隅々までをコントロールしようとしますが、たえず選別と排除の力を稼働させます。合法の範囲であれば内面は自由であった、そうした状態を許してくれません。

推進派の人たちは、入試制度やカリキュラムの改革を通して、人間を多面的総合的に評価し、育成するシステムを作り上げようとしているのだと善意をまるだしにして説き伏せようとしています。しかし、その善意が裏側にどのような権力性を秘めているかは、これまでの章で明らかになったでしょう。

†「学習指導要領」のダブルスタンダード

「学習指導要領」の改訂について、大滝組の方たちが指導要領の徹底をさかんに鼓吹していたことは先に述べたとおりです。「学習指導要領」がどのように変わろうとも、自分たちの職務内容はそんなに変わらないという先生たちを想定して、これからはそうはいかないと激しい叱責の言葉を浴びせていました。「学習指導要領」の半公式解説本で、そのような場面を目撃したのは衝撃的でした。

しかし、仮想敵を設定して、威嚇と攻撃をさかんにしていることから、かえってこのように考えることができます。「学習指導要領」はこれまで実際の教育現場ではそれほど重視されていなかったのだということです。つまり、形式上、「学習指導要領」があり、それに基づいてカリキュラムは動いている。しかし、個々の内容は学校や先生たちに任されていて、それでおおむね認められていたのでしょう。今まではそうだったかもしれないが、これからはそうはいかないという言い方から透けて見えるのは、「学習指導要領」の二重基準、ダブルスタンダードです。だから、教育委員会の元関係者までからんでいるにもかかわらず、一部の科目の未履修問題などが起きたのです。

「国語」について言えば、たしかに「話すこと・聞くこと」「読むこと」「書くこと」の三つの領域については、現行の「学習指導要領」にも明記されていました。それに基づけば、今回のような「大学入学共通テスト」のサンプル問題も指導要領から逸脱していないし、本番のテストもしばらくはそれで可能なのだと主張しています。ということは、逆に言うと、これまでの「センター入試」は「読むこと」中心で、特に現行「学習指導要領」に書かれていた三領域のうち、「話すこと・聞くこと」や「書くこと」に関わる出題を不可欠とは考えてもいなかったということでしょう。大学入試センターもそれほど重視していなかったのです。

つまり、現行の「学習指導要領」にもいろいろなことが書かれているけれども、基本の科目名称や大枠さえ守っていれば、細部はそれほど気にしないで授業もできたし、入試対応も可能だったのです。そこに現在の自称「戦後最大の改革」が襲来したわけです。「学習指導要領」を守っていないと生徒の「不利益」になるというお叱りの声がかくして一気に大きくなるのですが、その不作為の理由としてあげられるのが、教材読解型の授業に慣れ親しんで、安住してきたからだという判断です。文学部出身の先生たちが大学の先生の真似をして、教材中心の読み解きばかりを授業で行い、目に見える「資質・能力」の育成を怠ってきたというのが、彼らの認識です。しかし、ほんとうにそうでしょうか。

大滝さんたちの考えでは、教材中心の読み解きとは内容にのみ関心を向けていることだそうです。表現に注意を振り向け、「ことばの教育」として「国語」を鍛え直すことが課題とされています。先にプレテストの分析のときに、「法と契約の言説」という言葉を使いましたが、当然ながら、どのような法も契約も言葉で表されています。そこには言説がある。むしろ、法や契約であったとしても、その言説に注目をしなければならない、そのように書きました。

そうであるならば、少なくとも「学習指導要領」もまた言説のひとつなのです。「資質・能力」という表現自体に疑問があることは何度か述べましたが、それだけでなく「話すこと・聞くこと」「読むこと」「書くこと」という三つの領域の捉え方、教育の場面においてこの三領域をすべて適切に取り入れなければならないという趣旨も、実際の教育のなかでそのとおりでいいかどうかの検証が必要になります。そうでなければ学校は自主性を失ったまま、指示に従うだけの存在になってしまうでしょう。

「現代の国語」の指導要領を解説したときにふれたように、「話すこと・聞くこと」はもちろん人間の言語の習得や運用において重要な要素ですが、どのような場面で取り入れるかによって、学習の意欲において逆の効果をもたらすことがあります。なぜでしょうか。「話すこと・聞くこと」は、音声を発する、あるいは受ける点できわめて直接的かつ身体的に関わっている行為です。しかも、話し方の「知識・技能」を学ぶだけならばともかく、そこにとどまらず、話すことをめぐって「思考力・判断力・表現力等」の向上を目指し、「相手の理解が得られやすいように表現を工夫」することを求めて、「主体的に学習に取り組む態度」を身につけるように教えることが課題とされています。

つまり、一般的に会話すること、雑談することが求められているのではありません。営業で滑らかに宣伝の言葉を話し続ける能力でもありません。さらに、もっと個々の内面や価値観に結びついた話し方を身につけることが要求されているのです。こうなると「話すこと・聞くこと」はその人の内面を語り、心に響く直接的なコミュニケーションとして位置付けられることになります。

ここには本質主義的なコミュニケーションの理念が潜んでいるようです。そのかぎりにおいて、ジャック・デリダが批判した「音声中心主義」あるいは「ロゴス中心主義」とも微妙に共通する考え方がかなりゆるい形で出て来ているのですが、そのような思想的問題はひとまず措きましょう。ただし、「話すこと・聞くこと」の偏重が、先生の主導で行われるかぎり、生徒たちの内面に入り込み、その主体性を明るみに出して点検するに等しくなってしまうことにまるで無自覚なのです。

†オープンダイアローグ

なぜ、これまで「話すこと・聞くこと」が「国語」の授業のなかで重点を置かれなかったのか。

それは「話すこと・聞くこと」が重要ではないからではなく、また試験で測ることができないからでもありません。「話すこと・聞くこと」がきわめて重要だからこそ、迂回してきたのではないでしょうか。ここで精神医療の新しい治療法として注目を集めている「オープンダイアローグ」の考えを導き入れることにしましょう。

斎藤環さんの著・訳書『オープンダイアローグとは何か』（医学書院、二〇一五年）によれば、「開かれた対話」と訳すことのできるこの治療法は、まさに医療チームと患者との「対話」という、あまりにありふれた形式によって成り立っています。ふつう医者は診察に際して患者と一対一で対話しますが、それは治療をゴールとして、そのゴールに向かう道筋のずっと前の助走として配置されていました。しかし、「オープンダイアローグ」は、複数の医師や看護師たちが複数の患者たちと話し合う形式です。そこでは治療をゴールとしません。対話は手段ではなく、それ自体が目的となり、治療はその結果として後からついてくるものだというのです。そのような簡単な方法によって、実際にフィンランドの病院で成果が出て来ていることが精神医学界に驚きをもたらしました。

しかし、「オープンダイアローグ」に欠かせないのは、治療チームのメンバーの「不確かさへの耐性」、すなわち十分な期間、ミーティングに参加し、焦ることなく対話しつづける辛抱強さです。同時にそのなかで広がる複数の声や話題（「ポリフォニー」）への寛容さ、表現できないものに言葉を与えるように促していく姿勢（「対話主義」）だそうです。対話の主導権や内容については、患者が優位に立つことを前提にして、治療する主体を目に見える形で立ち上げないこと。言葉のジャム・セッションを楽しむようにして、そのミーティングのなかにグルーヴが生まれるとき「オープンダイアローグ」は次のステップに進むのだといいます。

生徒は患者ではない。そのとおりです。しかし、健常者と病者という区分自体をそろそろ取り払うべきではないでしょうか。健常者にも病や障がいがさまざまにある。いや、むしろ完全な健常者は存在しないと言った方がいいかもしれません。私たちはつねに何らかの病や障がいを自らのうちに抱えている。それが顕在化するときに病者のカテゴリーに移行し、潜在的なときに健常者とたまたま呼ばれているだけなのではないでしょうか。

「話すこと」は、言葉を通して私たちが私たち自身のこの生と世界に形を与えていく原初的な行為にあたります。「はじめに言葉ありき」とは『聖書』のもっとも有名な一節です。「聞くこと」は、聞くことによって言葉とともに構成されていく世界を想像し、共有するとともに、異なる文脈にある言葉を接続することによってその世界をさらに更新していく行為になります。「話すこと」と「聞くこと」はこうした循環するサイクルをくりかえしていくことになるのです。

繊細さと包容力とを前提にする「話すこと・聞くこと」の教育を学校にもきちんと取り入れるべきだというのは、まさにそのとおりです。しかし、それは簡単ではありません。先生たちも専門的なトレーニングを積んでいるわけではありません。また、「オープンダイアローグ」の治療では、看護師たちは強い自律性をもった存在として位置づけられているそうです。

学校の先生はまったく反対の、自律性を奪われた存在です。自律性を奪われたものは、自分が支配できる小さな空間において、権力的にふるまう傾向に陥りやすくなります。先生は、生徒たちを評価できる圧倒的な優位者です。しかも、そうした絶対者のいる空間では、生徒たちは共同体を作り上げるよりも、互いに互いを監視し、結集と排除をくりかえしがちになる、これも長く教師をつとめてきたものには自明のことでしょう。

「オープンダイアローグ」がいまもっとも成立しにくい空間、それが学校ではないでしょうか。だからこそ、いじめや不登校が広がり、それは生徒だけでなく教員集団のなかにおいても浸透してしまっているのです。「対話的」であることは「学習指導要領」でとりわけ強調されている要素のひとつですが、生徒に対してよりも、文科省をはじめとして、教育委員会や学校の先生たち自身こそが「対話的」にならなければならないのではないでしょうか。

「学習指導要領」で求められているのが、こちらの意図を分かりやすく伝えるための表現の工夫にすぎないのであれば、それはせいぜいプレゼンテーションの技術と方法を伝えるだけですむことになります。ほんとうに「話すこと・聞くこと」に中心を置くのならば、四月の始まりに設定するなどという無謀なことに挑むべきではありません。そもそも簡単な自己紹介や、ふだんの先生から生徒への発問と討議のなかで、「話すこと・聞くこと」の基礎の基礎は学ぶことができます。むしろ、こうしたスタートの教育で重要なのは、「読むこと」と「書くこと」なのです。

†「読むこと」と「書くこと」のサイクル

「話すこと」と「書くこと」はともにアウトプット、外部への発信において共通します。「書くこと」も書き手の意思の直接的な表明になるのですが、「学習指導要領」で目指されているのは、「主張」を相手に伝えることとなっています。

しかし、「主張」とは何でしょうか。辞書的な意味では、すぐに「自分の意見を言いはること。自分の意見を言い続けること。また、その意見。持論」があがります。もうひとつ、「民事訴訟で、原告または被告が自己に有利な具体的法律効果あるいは事実を陳述すること」とも書かれています(いずれも小学館『日本国語大辞典』第二版)。ここで前提とされているのは「自分の意見」あるいは「自己に有利な具体的法律効果あるいは事実」です。それがあって初めて「主張」を書く、さまざまな工夫をこらして説得にあたるということができます。

では、高校一年生はみんな「自分の意見」を持っているのでしょうか。あるいは何らかの民事訴訟あるいはそれに類する係争案件を抱えているのでしょうか。少なくとも後者はほとんどありえない。では、言い張るべき「自分の意見」はありますか。いろいろ意見はたんとあるでしょう。しかし、それも最初から内にあるわけではないと思います。

それをむりに「書くこと」の授業にしようとすれば、さまざまな問いを与えて、石を投げ込まなければなりません。そうしないと小波は生まれない。でも、小波が立つばかりで、それを自分の意見にふくらましていくにはどうしたらいいのか。論拠で相手を説得するというほど、強い「主張」にならないということもあります。やはり、意見の表明に苦しむ生徒が出てきます。

全体に「学習指導要領」は、何かに「関心」を寄せ、そのことを伝えたいという思いを持っていて、意見を求められたら身を乗り出して、自分の「主張」を開示しようという意欲満々の生徒を前提にしているようです。希少種のようなそうした高校生を中心とした考え方はあまりに狭い。限られた条件の特殊な生徒を対象にした場合の想定だと思います。

もし、四月を「書くこと」から始めるのであれば、自分の内面や意見を書くという枠組みから離れた方がいい。むしろ、自分からは遠く離れた対象について書く方がペンをとりやすいのではないでしょうか。大事なことは、内面や意見を出せではありません。外にあるものにふれることを通して、心のうちに広がる微細な反応を書き留めることです。やがて、その反応の小波が「自分」を引き出していくことになる。曖昧でとりとめない「自分」を外に連れ出すこと。いかにもありがちな形容句やフレーズで「自分」をピンナップするのではなく、固定観念から外れる「自分」をつかまえるようにすることこそ、自己表出の第一歩です。そのために言葉を杖にして視界の悪い白い霧のなかを歩き出すのです。

たとえば、一本の木について書く。そんな課題を与えたら、どうなるでしょうか。途方にくれる生徒たちにいくつかのサンプルを示すことができます。

ものがすべて青白く、空気の肌ざわりも冷え冷えとして、もの静かさがかえって何となく自分をそわそわとさせた。大きな桑の木が道端にある。向こうの、道へ差し出した桑の枝で、ある一つの葉だけがヒラヒラヒラヒラ、同じリズムで動いている。風もなく流れのほかはすべて静寂の中にその葉だけがいつまでもヒラヒラヒラヒラとせわしく動くのが見えた。自分は不思議に思った。多少怖い気もした。しかし好奇心もあった。自分は下へいってそれをしばらく見上げていた。すると風が吹いてきた。そうしたらその動く葉は動かなくなった。（志賀直哉「城の崎にて」一九一七年）

そっと倒木のうえの一尺ばかりのまだごく若い木を、こころみにゆすってみた。幹は柔軟に手に従うが、根は案外な固さで固定している。細根は倒木の亡骸の内側に入って、皮肉の間へこまかい網を張っているし、やや太い根は外側を巻いてはい、早く地に達したいとしている構えである。ひたすら生きんとして、たけだけしさをかくしていない。亡軀のほうへも遠慮がちに手を置いてみる。その冷たさ、その水漬きかた。前日来の雨もあろうが、ぐっしょりのぬれびたし。（幸田文「えぞ松の更新」一九七一年）

教科書に採られたことのある文章から二つ選んでみました（テクストも教科書版にそろえています）。あるいはジャン＝ポール・サルトルの『嘔吐』新訳（鈴木道彦訳、二〇一〇年）のマロニエの樹の場面も、奇抜でいいかもしれません。これらを読むことを通して、どのように書くのか、どのように書いていいのかを学びます。これを踏まえて、なぞりながら書くのでもいいのです。なぞり、少し変えていくことを通して、言葉を組み合わせることによる描写の力を学び、身につけていきます。

しかも、これらの文章はただの観察記録ではありません。それぞれの自分の経験をもとにしながら、見て、触れて、感じとったことが言葉によって捉えられているのです。経験が言葉に置き直され、その言葉によって経験が目に見えるものになっていきます。

「書くこと」は内にあるものを外に押し出すということではないのです。言葉によって感覚や記憶、感情、思考をたどるわけですが、それらの感覚や記憶、感情、思考はあらかじめ確固としたものとして存在してはいません。言葉にすることによってそれらのふわふわした経験が形あるものになり、方向付けられていきます。形を得た感覚や記憶、感情、思考は、さらにそれらの言葉にふれるなかで、加速あるいは減速し、加工と変形とをくりかえしていきます。「書くこと」は「読むこと」とつねにセットです。少なくとも、これまでの「学習指導要領」のもと、「国語」の先生たちはそのサイクルに自覚的でした。

†テクストの複数性

しかし、「読むこと」において、「大学入学共通テスト」も「学習指導要領」も異常に拘泥していることがあります。複数の資料を並べ、それらのなかから情報を拾い出し、統合・構造化するという課題です。

おそらくこの情報化社会を前提に置いているからでしょう。さまざまな意見、さまざまな情報やデータ、視覚聴覚を刺戟する表象などに振り回されることなく、的確に必要な情報を抜き出すことができる能力を育てたい。これも言葉としてはそのとおりです。しかし、現実にそれが簡単ではないことは、「大学入学共通テスト」の問題作成委員たちが実証してしまいました。対象そのものを的確に読み込めていなかったのは彼ら自身だったのです。

いや、気づいた人もいたかもしれません。しかし、与えられた課題に沿うという大命題の前にみずからの疑問を抑え込まざるを得なかったのでしょう。

複数の資料から情報の統合・構造化を行うことはたしかに重要ですが、一朝一夕に達成できることではありません。あらゆる教育がそうであるように手順と段階が大事なのですが、「大学入学共通テスト」も「学習指導要領」もすべて金太郎飴のように、この課題をくりかえして失敗しています。

その根源にあるのは何でしょうか。それはそもそもひとつの資料、従来であれば問題文と呼んでいた文章に対するテクスト論的な無知から来ていると思います。なぜ、複数の資料にまたがった読解が必要なのか。彼らはひとつの資料から導き出される情報はひとつ、あるいは数少ないいくつかだけだと思い込んでいるからです。ひとつの文章からたどられる論旨に対して、異なる論旨の文章を併置する。そして情報をカタログ化する、表やグラフにして視覚的に明示することを組み合わせて、問題文の資料は作られていました。表やグラフにすることは大量の情報を整理するには有効でしょう。統計データがたくさん出ている時代ですから、それらを読み取る能力はますます重要になります。

しかし、それらの図表やグラフもふくめて、ひとつの資料はさまざまな情報を構成して成り立っています。どのような編集がなされ、特定の対象に向けてどのように構成しているかを見なければ、むしろ、それらの資料に踊らされるだけでしょう。ひとつの資料を複数の資料に換えることではなく、ひとつの資料のなかにある複数の情報に目を向けることこそが、情報に振り回されることなく情報を読み解く力になるのです。

定番となっている教材に山崎正和の「水の東西」という評論があります。東西文化の違いを、水との付き合い方から説いた評論で、長く高校「国語」の教材として使われていました。今回の「学習指導要領」では、小説教材とともに、しばしば槍玉にあげられています。

日本の庭園に見られる鹿おどしに対して、ヨーロッパに見られる噴水の造形美を比較してとらえたこの評論は、「庭の静寂と時間の長さ」をひきたてる鹿おどしに対して、風景の中心として「壮大な水の造型」をつくりあげる噴水の二項対立のもとに展開されます。「流れる水と、噴きあげる水」という対比は、「時間的な水と、空間的な水」という比喩につながり、さらに「かたちがない」ものに愛着を感じる日本人の「思想以前の感性」に由来するという思索にいたります。それはやがて「見えない水と、目に見える水」という対比へと展開し、「見えない水」を感じ取ることの喜びが音だけで水を鑑賞する「鹿おどし」の発明に接続するという結論へと導かれることになります。

この教材は比較文化論の典型で、なぜ、これが新しい「学習指導要領」においてダメ出しをされるのか、最初はまったく理解できませんでした。たしかにあまりにありふれた二元論を軸に書かれています。実際、高校の先生方にしても慣れすぎた材料ではあるでしょう。「話すこと・聞くこと」や「書くこと」に結びつくことがないし、「読むこと」においても手垢にまみれた授業になっているというのが批判の根拠のようです。しかし、教え方がパターン化しているなら、新しい読み方を助言し、その読み方によって「話すこと・聞くこと」や「書くこと」につながるような教え方を示せばいいわけです。その教材が定番だから外すのではなく、教材をどう扱うかを示唆することがむしろ重要です。そもそも、この教材のテクストの複数性を見落としていないか、そのように思います。

†言葉に向き合う

「水の東西」から汲み上げることのできる情報はさまざまにあります。たとえば「鹿おどし」。著者は日本における水の文化を代表させるものとして「鹿おどし」をあげたのですが、この「鹿おどし」という言葉を調べてみると必ずしも庭園文化に由来するものではないことがすぐに分かります。

なぜ、鹿おどしは「鹿」の文字が入るのでしょう。それは庭園ではなく、むしろ定期的に音を鳴らすことで農業における鳥獣被害を減らすための実用の具として作られたからです。鹿は田畑の農作物を荒らし、なかでも稲籾を食べてしまう困った動物でもあったのです。つまり、鹿おどしは農耕文化の道具という歴史があって、それが新たな美的な感興を誘うものとして庭園に持ち込まれ、洗練をへて今に至るということになります。「噴水」もおそらくはローマ帝国時代の灌漑(かんがい)に始まり、水を必要とする歴史的経緯があって、やがて美しさを感じ取る造形的な対象となっていくのでしょう。

こうした背景を負った「鹿おどし」がもたらす印象から評論は始まりました。「くぐもった優しい音」がくりかえすゆるやかなリズム。その「曇った音響が時を刻んで、庭の静寂と時間の長さをいやがうえにもひきたてる」のだと書かれています。「鹿」を音でおどすための農具がまったく別の環境、異なる文脈に置かれて、違う効果をもたらす道具へと変質したのです。そこで水は音に変換されて、水自体はわずかしか見えません。ですから、ここでは変換が大事な役割を果たすことになります。音が、流れる水の比喩になる。そうしたレトリックが働いているのです。

これに対比されるのが噴水です。「ヨーロッパでもアメリカでも」噴水は彫刻のような造形美を見せていました。しかし、ここでヨーロッパとアメリカは一緒にされています。ヨーロッパとはどこからどこまでなのでしょう。イギリスやフランス、ドイツがヨーロッパなのでしょうか。北欧や東欧はどうなるのでしょう。スペイン、ポルトガルも同じなのでしょうか。実はその差異については何も書かれていません。つまり、一緒くたです。

したがって、論旨をひととおり押さえたら、そこから考えることができます。国や地域によって噴水の形が同じかどうか調べてみましょう。

ヨーロッパやアメリカ以外はどうなのでしょう。鹿おどしに日本の文化を代表させるのだとしたら、韓国や中国における水の文化は、あるいは中東やアフリカではどうなのでしょう。ＩＣＴ機器を使ってもいいし、百科事典や世界の建築物の図鑑を調べれば、そこに噴水や池の写真も多く載っています。噴水と鹿おどしだけでない、もはや、何かにたとえることのできない生命そのものの混沌を示すようなインドのガンジス河や、タイのチャオプラヤ川が出て来るかもしれません。二項対立はあっという間にもっと異なる水の文化のあいだに散ってしまい、二元論では捉えきれない多様な現実を見せることになります。

しかも、そのときヨーロッパとアメリカを一括りにして、これに対比するように日本を打ち出していることに気がつくはずです。つまり、この評論は西洋を一つと見なして、その対比物として日本を強調しようとしているのだということが分かります。

著者は、評論の前半で、ニューヨークの銀行で鹿おどしがあるのを見たときのことを語り、あまりに忙しそうに人が動き回るなかでは音と音の間に耳を澄ます余裕はなさそうだったと述べています。アメリカ文化のなかで鹿おどしは美的な鑑賞物たりえなかった。しかし、忙しそうに人が動き回るのはニューヨークの銀行だけでしょうか。いまや、日本中が同じ状態です。つまり、日本そのものから鹿おどしに耳を澄ます余裕がなくなった。すでに亡びてしまったもの、いまを生きていないものに、日本の文化の枠を見ようとしている、そのような評論として読むことができるのです。

†署名のある文章、署名のない文章

「水の東西」という評論は、短い文章のなかにきちんと二元論を組み入れて、東西文化の対比を際立たせていますが、まさにその優れた構成のゆえに、その論理をひっくり返し、何が見えてきて、何が見えなくなるかを明らかにしてくれます。それは著者の当初の意図ではなかったかもしれません。しかし、著者がどのようにこの二元論をテコにして比較文化論を作ったかは分かってきます。

東と西、白と黒、善と悪、過去と未来、この世とあの世、さまざまな二元論があります。少なくともこうした二項対立を使うことで、世界を分かりやすく切り取ることができます。同時に分かりやすい切り取り方の限界をも、こうした評論は示してくれるのです。したがってこの評論のパロディを作っても面白いかもしれません。いくらでもクリエイティブな授業にすることが可能なのです。

評論には著者の「私」が出て来ます。語り手とも言い換えることのできるこの著者を明確に設定することで、評論は漠然とした客観的説明ではない、主観的な判断を示します。「思考力・判断力・表現力等」というとき、「思考力」や「表現力」は測ることができますが、「判断力」は計測することが困難な能力です。しかし、評論を読むことを通して、著者の「判断力」を推し量ることができます。そしてその判断の適否について考えることができるのです。このとき評論における「私」という存在が重要な鍵を握ります。

前の章で見てきたように、「大学入学共通テスト」や「学習指導要領」では、この「私」を消去し、無署名の実用文や客観的な論説を重視しようとしています。そこに過誤があると言いました。大滝さんは『高校国語　新学習指導要領をふまえた授業づくり　実践編』のコラムで、この間の「実用的な文章」批判を短絡的といい、「社会的に評価を得た書き手による文章だけが、将来生徒が直視すべき言葉でもあるまい」と書いています（同書、二三〇頁）。しかし、大事なことは「社会的に評価を得た」文章であるかどうかではありません。評価の有無ではなく、書き手の「私」という主観を通して書かれた文章であるかどうかです。

こうも書いています。「学習指導要領も人間がつくっているように、『契約書』の背後にも必ず書き手が存在する」。まさにその通りです。しかし、その書き手がいることを想像し、個人の書き手であれ、複数の書き手の集合体であれ、その主観的な偏差があることを前提にして読もうとしているかどうか。まったくそうなっていません。

無署名の文章を教材に使うことに何の異論もありません。法律の文書も契約書も教材として使うことは可能です。そのときに「法と契約の言説」と対話するようにテスト問題も教科書も作られていなければならない。いかんせん、モデルに示されていたのは、「法と契約の言説」が大前提とされ、その内のりにおいてどのように解釈し、行動するかばかりが問われていました。書き手の「私」がいるという発想がそこに欠落しているからこそ、批判の言葉を投げなければならなくなったのです。

さて、複数性の極致ともいうべき言語教材が小説です。この小説の捉え方について「学習指導要領」の解説者たちは、小説を芸術だと思い込んでいる点において間違っています。すぐれた芸術がそうであるように芸術と非芸術の境界にあるからこそ、いまだに日々、数多くの小説が生み出されているのです。

†小説の言葉

教科書にもかつて採用されたこともある中勘助の『銀の匙』（岩波書店、一九二一年）の一節を例にあげてみましょう。この小説が最初に活字になったのは『東京朝日新聞』一九一三年四月八日のことですから、もう一〇七年も前のことになります。

『銀の匙』については、故・十川信介さん、小森陽一さん、関礼子さんと一緒に「『銀の匙』を読む」(『季刊文学』二巻四号、一九九一年一〇月)という共同の注釈を発表したことがあります。十川さんはこのときの注釈をもとに『「銀の匙」を読む』(岩波書店、一九九三年、のち岩波現代文庫)を出しました。また、私立灘高校の伝説の「国語」教師と言われた橋本武さんにも『〈銀の匙〉の国語授業』(岩波ジュニア新書、二〇一二年)という本があります。

教科書に採ったのは、この小説冒頭の第一節でした。まず半分を引用します。

私の書斎のいろいろながらくた物など入れた本箱の抽匣(ひきだし)に昔からひとつの小箱がしまってある。それはコルク質の木で、板の合せめごとに牡丹の花の模様のついた絵紙をはってあるが、もとは舶来の粉煙草でもはいってたものらしい。なにもとりたてて美しいのではないけれど、木の色合いがくすんで手触りの柔らかいこと、蓋をするとき ぱんとふっくらした音のすることなどのために今でもお気にいりの物のひとつになっている。なかには子安貝や、椿の実や、小さいときの玩(もてあそ)びであったこまこました物がいっぱいつめてあるが、そのうちにひとつ珍しい形の銀の小匙のあることをかつて忘れたことはない。それはさしわたし五分ぐらいの皿形の頭にわずかにそりをうった短い柄がついているので、分あつにできてるために柄の端を指でもってみるとちょいと重いという感じがする。私はおりおり小箱のなかからそれをとりだし丁寧に曇りを拭ってあかず眺めてることがある。私がふとこの小さな匙をみつけたのは今からみればよほど旧(ふる)い日のことであった。

これは単なる回想の文章ではありません。回想形式ではありますが、そこには複数の情報が織り交ぜられ、独特なタペストリーを作り上げているのです。

最初の第一文を見て下さい。初めは「私の書斎」です。はっきりと「私」を打ち出した上で、そのあとに来るのは「書斎」です。「書斎」という言葉を辞書で確認してみてください。日本の家屋のなかで「書斎」という空間が用意されるのは、二〇世紀以降、夏目漱石のような男性知識人が登場し、かつ裕福とは言いがたいけれども、余裕をもって暮らす中上流階級が現れてからです。家族のなかでも特別な位置を占める家父長の権威をまとう部屋でもあります。

そうした威厳のある部屋の「いろいろながらくた物など入れた本箱の抽匣」が次に続く言葉です。「書斎」と「いろいろながらくた物」とはそれぞれの言葉が背後に持っている文化が食い違っていて、ミスマッチを起こしています。しかし、あえてそうしているのだと考えれば、「書斎」という言葉を出して、いかめしい知識人の中年男性を連想し、そうした人物がまったく知識人らしくないものに囲まれている姿が髣髴（ほうふつ）とします。

しかも、ここで選ばれた言葉は「本箱」です。書架でも書棚でも本棚でもなく、ただの本箱です。「抽匣」もめずらしい漢字です。漢字としては引出し、あるいは抽斗もありえます。ところが、「抽匣」が選ばれた。「匣」は漢和辞典を調べれば、「はこ」と読みます。実は「箱」と同じ意味なのです。したがって、これを「ひきだし」と読ませるのは、本来の漢字ではない宛字です。あえてこの漢字にしたわけです。よく見れば分かるように、「抽」の旁の部分と「匣」の構の内側にある字形は「由」と「甲」で上下を反転したかのようです。このあと「抽匣」のなかに「ひとつの小箱」があると来るのですから、この一文には「書斎」という部屋の箱、部屋のなかの「本箱」、そのなかの「抽匣」、そして「小箱」というように箱が入れ子型に組み込まれていることが分かります。「抽匣」の文字も小さな四角がいくつも入り込んでいるのです。

その小箱についても、「コルク質の木」の手触り（触覚）、絵のついた色紙を貼り合わせている（視覚）、粉煙草の香り（嗅覚）、蓋をするときの「ふっくらした音」（聴覚）と、五感をそろえて描かれています。そしてまだ書かれていない最後の感覚が味覚です。そこを目指して、味というより、口に含んだときの感覚を呼びさます刺激物として、小箱のなかの「銀の匙」が登場してくるのです。

「銀の匙」のまわりに「子安貝や、椿の実や、小さいときの玩びであったこまこました物」が並べられているのも無理はありません。まさに子どものときの玩具、それも男の子の玩具というより、「子安貝」からも想像できるように女の子の玩具が配置されています。「銀の匙」は大人になった男性知識人の回想であるにもかかわらず、彼のなかに眠っている両性具有的な小児性を呼びさまし、奥の奥にしまわれていた幼児の記憶へとつながるように書かれているのです。

†会話を読む

先ほどの引用部分の結びは「私がふとこの小さな匙をみつけたのは今からみればよほど旧い日のことであった」となっていました。回想の焦点は当然、「私」が「銀の匙」を見つけた過去の日にさかのぼっていきます。

家にもとからひとつの茶箪笥がある。私は爪立ってやっと手のとどくじぶんからその戸棚をあけたり、抽匣をぬきだしたりして、それぞれの手ごたえや軋(きし)る音のちがうのをおもしろがっていた。そこに鼈甲の引き手のついた小抽匣がふたつ並んでるうち、かたっぽは具合が悪くて子供の力ではなかなかあけられなかったが、それがますます好奇心をうごかして、ある日のことさんざ骨を折ってとうとう無理やりにひきだしてしまった。そこで胸を躍らせながら畳のうえへぶちまけてみたら風鎮だの印籠の根付だのといっしょにその銀の匙をみつけたので、訳もなくほしくなりすぐさま母のところへ持っていって

「これをください。」

といった。眼鏡をかけて茶の間に仕事をしてた母はちょいと思いがけない様子をしたが

「大事にとっておきなさい。」

といつになくじきに許しがでたので、嬉しくもあり、いささか張り合いぬけのきみでもあった。その抽匣は家が神田からこの山の手へ越してくるときに壊れてあかなくなったままになり、由緒のある銀の匙もいつか母にさえ忘れられてたのである。母は針をはこびながらその由来を語ってくれた。

先ほどの「本箱」と違い、一転して記憶のなかの家具は「茶箪笥」となります。しかし、ここにもまた「抽匣」が出て来ます。開け閉めするのを面白がっていたが、そのうち開か

なくなっていた「小抽匣」をある日、無理やり、ぶちまけたことが語られます。「銀の匙」はそのなかにありました。「箱」つながりの入れ子構造は、回想のなかでもくりかえされていたのです。

ところが、匙を見つけた「私」は「訳もなく」欲しくなって母親にその旨を伝えます。この母と子の会話が注目されます。子どもが母に何かをねだるときに、「これをください」という言葉使いをするかどうか。これに対して、裁縫仕事でもしていたらしい母の返事は「大事にとっておおきなさい」です。いくら山の手の裕福な家族であったとしても、このやりとりは奇妙です。

わずかにこれだけの会話ですが、ここにこの母子関係は集約的に表れています。直後には「いつになくじきに許しがでたので、嬉しくもあり、いささか張り合いぬけのきみでもあった」という「私」の反応が書かれています。「いつになく」ということは、いつもは許されていないことを示唆しています。この子は母に何かをねだるときにはダメだと言われることを想定しながら気を張って臨んでいたということです。

この母子関係を一言で表すとしたら、よそよそしさでしょう。他人行儀と言ってもいいかもしれません。甘え、甘やかされたことがない。子どもにとってはいささかつらい関係です。なぜ、よそよそしいのか。そういう問いを誘発しながらも、この会話は母が「針をはこびながらその由来を語ってくれた」思い出へとつながっていきます。「銀の匙」は山の手に引っ越す前の神田の家のときに「抽匣」に閉じ込められた。それが発見されるとともに、過去の封印が解かれていったのです。そしてふだんはよそよそしかった母が語ってくれた幼児の記憶が「針」で布地を縫い合わせるように、あらためて「私」の記憶に接ぎ木され、いまの「私」を形成していったのです。

どうでしょうか。これが小説です。わずかこれだけの文字数ですが、そこには複雑な情報が入り込んでいます。しかも、「私」のフィルターをかけることによって、これほど細やかな表現が可能になっています。そこに現れる「私」はひとつの固まった存在ではありません。男性知識人であるのに女性的であり、小児性を抱えていますし、記憶もストレートな連続性を持っていません。断絶した記憶が母という他者の言葉を介して接続されていく。そのような記憶の重層性が書き込まれていたのです。

†世界認識の形式

こうした小説を、「言語文化」の枠組みのなかで、伝統文化の解釈に委ねるだけではいかにもったいないか。小説は端的に言葉を組み合わせて作られている読み物ですから、徹底して言葉について読み解いていくべきなのです。その読解を通して、私たちが何気なくふれている文章がいかに精緻に織り上げられているものかを学び、聞く言葉、読む言葉に対する繊細な感覚を身につけてほしいと思いますし、会話の分析によって、私たちが交わしている日常の会話からどのようなことが読み取れるのか、ふりかえることもできるでしょう。

小説を芸術のひとつであると思い込むのは間違いだと言いました。なぜか。物語と小説という概念を使って説明します。物語にはさまざまな形があります。神話も「古事記」や「竹取物語」「南総里見八犬伝」も物語です。「平家物語」も「太平記」もそうです。そして古代から中世、近世にかけては、それらの物語が歴史として捉えられていました。この間、歴史修正主義の人たちがいうように歴史とは物語だという考え方はここに由来します。書かれたものかどうかは別にして、物語は世界を一定のストーリーのうちに捉え、目に見えるかたちにしてくれます。その意味で物語は世界認識のひとつの形なのです。したがって、物語を読んでいない人でも物語の住人になっていることがたくさんあります。人類の歴史を五段階に分けて、これからは"Society 5.0"だと叫んでいる人は紛れもなく物語の住人です。

小説は物語のなかでも文字で書かれたジャンルの一部です。近世までの物語や、それ以外のさまざまな読み物をへて、小説というジャンルが成立しました。とりわけ小説は、近代国家をまとめあげるために俗っぽい話し言葉と高尚な書き言葉とを結びつけて新たな書き言葉の文体を作り上げることに大いに貢献しました。言文一致体の創出です。これによって「話すこと・聞くこと」「読むこと」「書くこと」において大きな支障がないという国民国家的なリテラシーを形成したのです。こうして小説は日本語話者にとって日本を中心とした世界を認識する独自の形式として発展を遂げてきました。物語の要素が効果を発揮したのです。

一方、小説が多くの人々になじんでいけばいくほど、小説に自分の理解者を見つけたり、他では得られない友人を見出したりするようなことが起きてきます。いわゆる「芸術」とひと味違うところです。しかし、そこからが面白い。物語の系譜を引きながら、小説はその祖である物語を批判することを通じて、存在意義を主張していったのです。物語はともすれば類型的なストーリー、定型的なパターンへと固定化しがちです。すぐれた古典文学の物語はこうした物語の類型に差異を持ち込むことで独自性を切り拓いてきたのですが、同じようにすぐれた小説は物語に支えられながらも、物語に依存しない道を進みました。小説は、新聞や雑誌などのマスメディアを通して日本語の通じる範囲、津々浦々にまで広がり、同時に物語に収まりきらない個性的な表現を切り出すことで、オリジナリティを生みだしていったのです。

物語は先入観や偏見、差別とも親しいのが特徴です。物語こそ差別を喜び、舌なめずりするようにその題材をもとにさまざまな試練と冒険のストーリー、転落と帰還のストーリーを生みだしてきました。そして物語はジャンルをはみ出して、さまざまに翻案され、置き換えられ、社会の隅々にまで広がっているのです。小説はそうした物語を踏まえながら、たえず逸脱し、ストーリーに収まりきらないディテールや錯綜する多様性に目を向けていきました。ここに小説の栄光があり、小説というジャンルの際立つ意義があるのです。

ですから、小説を教材とすることは、単に芸術に触れるということではありません。「私」的な視点から出発しながら、言葉を通して世界の輪郭を描き出し、その時代の普遍的な世界認識の形式に対してどのように対応するかを示しているのが小説であり、さらにいえば小説という運動体なのです。「私」を通しているからこそ、心と身体に直接、響くようにも感じられますし、読者というもうひとりの「私」からの批評や異議申し立てもできるのです。こうしたジャンルを選択科目の一分野に局限してしまうということは、ひたすら平凡で画一的な物語への敗北を意味します。真の主体性や多様性とはほど遠い、画一主義に拝跪(はいき)することに他ならないのです。

†教育課程をどのように組み立てるか

新しい「学習指導要領」において、小説は必修科目では「言語文化」にほんのわずかに載るだけです。必修では不要だというのが「学習指導要領」解説者たちの主張です。選択科目に「文学国語」がありますが、的確に読むことよりも、アンソロジーの編集や共同制作、作品論を読むなど、単位数も多いために文学をめぐる散漫な授業計画にしかなっていません。小説を読むことを通して、言葉に対する感覚を磨き、言葉によって世界と自己との関係をたどりなおすという「国語」教育の中核を学ぶ機会が決定的に疎外されているのです。

では、どうしたらいいのでしょうか。

「現代の国語」は、生徒たちの自律性を奪った上でアクティブ・ラーニングをくりかえし、退屈な反復によって、本来そうした能動的学習のもっていたせっかくの効果を低減してしまうでしょう。少なくとも限られた時間で十分にできることを、延々とやりつづけることになっています。機械的な運用ではなく、こうした授業形態をより活かせると判断した先生と、これでは生徒の学習効果があがらないと判断した先生とでは、異なるメニューが用意できるようなプランでなければなりません。少なくとも論理的な文章のサンプルとして、これまで使用されてきて定評のある評論や随筆教材をここに取り入れ、「読むこと」を起爆剤とした「話すこと・聞くこと」「書くこと」への連鎖反応を巻き起こすこと、そうでもしないと授業が成り立たなくなります。研究授業でのいくばくかの成功体験を年間の授業に敷衍してしまうのはあまりに短兵急と言わざるを得ません。

「現代の国語」とは何なのか、その定義も曖昧です。文学のテクストは何よりも「現代の国語」のひとつです。そもそも「現代の国語」という科目名称をつけながら、それを実用的な文章と論説的文章、議論や話合い、小論文などでおおいつくすというのは、ほとんど児戯にも等しいというしかありません。これまでの「国語総合」の近現代の文章を生かし、一部の単元において、論理的な思考を育てるトレーニングや実用的な文章の解説をつけるだけでも十分、目的は達成するはずです。

現状では選択科目の「国語表現」との差異もはっきりしません。高校一年生で「現代の国語」を学んだあと、選択科目で「国語表現」となったとき、どのように「現代の国語」から「国語表現」への道筋が描けるのか、イメージが湧きません。「話すこと・聞くこと」「書くこと」を中心にした必修科目で討議のしかたや目的のあるレポートの作成、説得力のあるエントリーシートの書き方や多角的な問題の把握まで学んだ上で、聞き取り名人・書き取り名人を目指したり、自分史や自己PRを書いたり、志望理由書の書き方を学ぶというのは、学びの順序としても逆さまでしょう。発展的な学習体系にまったくなっていないのです。

「言語文化」は、古典中心ですが、なまじ近現代の文章も入れようとしているために、じっくり古典を教えるには時間が足りません。提示された指導計画では、中年サラリーマンが酒を飲みながら妙に熱く語るくらいの日本文化論しかもたらさないでしょう。結果的には、多くの高校生も卒業後に似たようなおじさん、おばさんたちになってしまうのかもしれませんが、最初からそれを目指したら、もっと低レベルの文化談義にしかなりません。かえって中途半端な伝統認識を持つことは、その人に一時的な自己満足をもたらしたとしても、日本の伝統を底の浅いものとして見せるだけに終わるでしょう。

「論理国語」「文学国語」「国語表現」「古典探究」という四つの選択科目については、その切り分け方や単位設定がそもそも困難です。これではろくな勉強にならない。単位についておさらいをしましょう。一単位は三五単位時間を前提にしています。三五単位時間とは、年間三五週をもとに計画を立て、週一時間あたりの授業を念頭に置いています。ですから四単位とは、週に四時間の授業を行うことを想定しています。

もちろん、多くの学校では高校二、三年生の二年間で四単位にするでしょうから、二単位ずつになるかと思います。一年間にこれらの四科目のうち二つの授業がそれぞれ週四時間の時間割で行われることを想像してみて下さい。あるいは二年間だとしたら、週二時間とはいえ、二年間も延々とつづくのです。いずれも退屈な間延びした授業になることは疑いないでしょう。八単位を「国語」に分かつというのが前提であるならば、「文学国語」を二年間で四単位、「古典探究」を三〜四単位、「論理国語」には一単位ほど当てるというのはどうでしょうか。

しかも、この場合の「文学国語」は、解説者たちによる指導計画とはまったく異なり、多くの評論やエッセイの教材を取り入れます。先ほども言ったように、それらの評論やエッセイも文学なのです。もちろん、小説や詩歌も一定量は教材に入れていきます。「話すこと・聞くこと」「書くこと」にも時間をさきますが、「読むこと」が何より基本です。そこから多方面に広がっていくのです。

「古典探究」も重要です。古文や漢文の教育はすぐに実社会で役に立たないと言いますが、役立たないのは当たり前のことです。学校は残念ながら、すぐに役立つことばかりを教える機関ではありません。これから先の将来が不透明だというのであれば、いま役立つと思い込んでいるものがすぐに役に立たないものになってしまうかもしれない。永続的な保証はないということです。

文法中心の教育を批判するのはいいですが、文法を抜きにした「ことばの教育」は成り立ちません。日本語の言語文化を学びながら、私たちの現代日本語のなかに残っている古語や漢語の言い回しを理解できない、文法的なあやまちに無自覚な人材の育成は避けたいものです。「言葉を通して他者や社会に関わろうとする態度を養う」ことは、「学習指導要領」に書き込まれた「国語」の目標のひとつです。この「他者」とはいま生きている者たちだけなのでしょうか。亡くなった者たち、死者もまた「他者」です。死者の言葉を聞き取ろうとしない人々には未来もまた心を閉ざすでしょう。

しかも、日本の歴史や伝統に敬意をはらうとともに、簡単に理解した気にならないことが真に伝統を尊重する基本的態度です。敬意とは、対象との距離もあって生み出されます。難解なまま放置するのではなく、古典をあらためて「他者」として捉え、その言葉の仕組みを知ることがやはり重要なのです。

論理的な思考力を鍛え、実用文や法・契約書の読み方が必要ならば、「論理国語」として週一時間が与えられれば十分に対応できます。そして何よりも、学校によって異なる条件に応じた自由裁量を認めることが基本です。束縛によって育つ能力はありません。

私たちは、今回の教育改革によって大きな曲がり角に立たされました。どうしていくべきなのか、あらためて大きな問いを抱えたのです。前線部隊として「大学入学共通テスト」と「学習指導要領」が十代後半の若者たちに待ったなしで迫っています。ここで見てきたように、この改革は単に大学入試の改革、高等学校のカリキュラムの改革ではありません。それらを入り口とした私たちの存在の根源に関わる改革なのです。

私自身、ハイリスク、ハイリターンという言葉をしばしば口にします。高いリスクのものに挑戦することによって、大きなリターンを得ることができる、そんな意味の言葉です。教育の場では、先生が口をはさまずに我慢して生徒を自由な状態に置きながら、自主的な発言や行動を待つときに使います。しかし、今回の教育改革はハイリスクばかりで、ハイリターンを期待することはできません。むしろ、日本社会に壊滅的なダメージをもたらすように思います。私たちが世界と関わり、世界を変えていくとともに私たち自身をも変えていく究極のツールが言葉だからです。これまで日本の学校教育は、敗戦から今にいたるまで十分な成果を上げてきました。失敗も禍根も含めて、積み重ねてきた経験と蓄積に自信をもつこと、先生たちや教育関係者に送りたいのはこの言葉です。

あとがき

『国語教育の危機』(二〇一八年九月刊)につづいて、国語教育をめぐる二冊目の著書となりました。国語教育に多少、関わってきたとはいえ、もともとは日本近現代文学の研究者です。まさか、このテーマで二冊も新書を出すことになるとは思ってもいませんでしたが、時々刻々、変化する事態に対応して、きちんとした見解を残すべきだと考えるようになりました。大きな歴史的な転換点にあたると思うからです。

これは入試改革だけの問題ではなく、高校教育、そして大学教育も連動しますし、何より日本語によって組み立てられたこの社会の言語文化の根幹に関わる問題だと考えています。したがって、文学を守る、守らないというような小さなことではありません。「ことば」を貧しくすることが明らかな教育政策には断固として反対しなければならないのです。その先にあるのは、愚かな対立と分断でしかないからです。

高校や大学の先生たちも、事態の深刻さを共有してきています。この間、各地方の国語教員の教育研修会や校長先生たちの集まりに呼ばれ、話をする機会がたくさんありました。

これまでの国語教育があまりにあっさりと否定されており、何をどのように教えればいいのか、とまどう声があがっています。改革というより、これは暴力なのではないか、そんな言葉も耳にしました。

なかでも気になるのは、今回の「大学入学共通テスト」や新「学習指導要領」を推進しようという人たちの言葉つきです。いまそれぞれの学校現場で働いている先生たちに対する強圧的な言い回しにあふれ、苛立ちと不寛容さが端々に表れています。私はそうした言葉を発する人たちが育成するという「思考力・判断力・表現力等」に信頼を寄せることはできません。ご自身がまず信頼にたる言葉を発しなければならない。言葉はその意味をうめていく文脈を共有することによって、話し手から聞き手に伝わっていきます。どんなに美辞麗句を並べても、生徒たちは先生がその言葉を発するときの身ぶりや仕草を見ながら、空虚な言葉か実質のある言葉かを判断します。まじめな「優等生」よりも、ふまじめな「不良」の生徒の方がこうした言葉の二重性に敏感であることは、教師経験者ならばある程度、想像がつくでしょう。言葉は人を傷つけるものでもあることを「不良」こそ、よく知っているからです。

残念ながら、推進派は信頼の不足を「エビデンス」をつきつけることで説き伏せようとしています。しかし、この「エビデンス」という言葉もまた実に陳腐で哀れな響きになってしまいました。統計資料や図表、グラフを読ませることがテストでも授業でも課題になっていますが、それらのデータが官公庁自体によって「改ざん」されたり、かき消されたりするシーンをこの数年、目の当たりにしてきました。データをどのように視覚的に示すかは重要であるけれども、図表化すればいいわけではありません。安易なデータ化が認識の誤りをもたらすこともある、いま教えなければならないのはむしろそちらです。

ひとつひとつの授業で身につける「資質・能力」を定め、生徒たちがどこまでその「資質・能力」を身につけたかを測定すると言い、Assessment型の評価を行うことが推奨されています。しかし、こうしたパフォーマンス測定への固執がもはやアメリカでも機能不全に陥っていることは、ジェリー・Z・ミュラー『測りすぎ——なぜパフォーマンス評価は失敗するのか？』（松本裕訳、みすず書房、二〇一九年四月）で明らかにされています。その背景には個人の「判断力」への不信が根深くあり、かつそうした「判断力」のある存在と考えられていた知識人や専門家への批判とセットになっています。学校のみならず、医療、警察、社会保障などの分野において、この数値による計量化が支配的になり、実際には仕事の質を劣化させ、生産性を落とすなどの多くの弊害をもたらしているのです。

最後に、前著以降、この間、私自身が関連したテーマで発表した文章や編著、対談などをあげておきます。

・「〈コミュ力不安〉という病に憑かれた「センター試験改革」の危うさ――いま「ことばの教育」が危ない」（オンラインマガジン『現代ビジネス』講談社、二〇一八年一二月）
・「「国語」改革における多様性の排除――教材アンソロジーの意義」（『現代思想』四七巻七号、特集・教育は変わるのか――部活動問題・給特法・大学入学共通テスト、二〇一九年五月）
・伊藤氏貴さんとの対談「国語教育から文学が消える――新学習指導要領をめぐって」（『季刊文科』七八号、特集・国語教育から文学が消える、二〇一九年七月）
・編著『どうする？　どうなる？　これからの「国語」教育――大学入学共通テストと新学習指導要領をめぐる12の提言』（幻戯書房、二〇一九年七月）。
紅野謙介「いま「国語」の教育で何が起きているのか」、五味渕典嗣「「新しい国語科」は何が問題なのか？」、清水良典「「高ため」のプリンシプルから」、駒形一路「「大学入学共通テスト」をさぐる」、小池陽慈「「大学入学共通テスト」現代文の可能性と懸念」、大橋崇行「「ＰＩＳＡ型読解力」に結びつく国語教育・文学研究」、阿部公彦「「論理的な文章」って何だろう？」、仲島ひとみ「国語の授業で「論理」を学ぶ」、跡上史郎「「判断力」の危機」、古田尚行「「国語」の授業とは何か」、小嶋毅

「ことばの教育をめぐって」、川口隆行「国語教育と日本語教育」

・「教科書が読めない学者たち」（『文學界』七三巻九号、特集・「文学なき国語教育」が危うい！――入試激変、カリキュラム大改編、二〇一九年九月）

・小森陽一さんとの対談「国語教育崩壊は回避できるか？」（『世界』九二四号、二〇一九年九月）

・「「読む」ことをめぐる闘争――名和小太郎『著作権2.0』とテクストの複数性」（『思想』一一四七号、二〇一九年一一月）

・「「大学入学共通テスト」と「新学習指導要領」によって「国語」教育は劣化する」（ウェブサイト『情報・知識&オピニオン imidas』集英社、二〇一九年一一月）

・ロバート・キャンベルさんとの対談「「広義の文学」の可能性を求めて」（『中央公論』一三三巻一二号、特集・国語の大論争、二〇一九年一二月）

・「教育改革がもたらす「ことば」の危機」（『文藝春秋オピニオン 2020年の論点100』文藝春秋、二〇二〇年一月）

このうち「「読む」ことをめぐる闘争」は、本書の第2章と部分的に重なるところがあることをお断りしておきます。

また、『どうする？ どうなる？ これからの「国語」教育』では、学界で親しくさせていただいている文学研究者の方だけでなく、文芸評論家、高校の先生、予備校の先生など、さまざまな方たちにも執筆していただきました。二冊の本に盛り込むことのできなかった多様な角度からの批評や提言が書かれています。ぜひ、手に取ってお読みいただければ幸いです。

他にも「大学入学共通テスト」や「学習指導要領」については、さまざまな場所で議論が戦わされています。『すばる』四一巻七号（二〇一九年七月）では「教育が変わる 教育を変える」という特集が組まれました。日本学術会議言語・文学委員会は公開シンポジウム「国語教育の将来――新学習指導要領を問う」（二〇一九年八月一日）を、学者・予備校講師らによる有志の会は、英語・国語・数学の三教科をとりあげて「新共通テストの二〇二〇年度からの実施をとめよう！ 10・13緊急シンポジウム」（二〇一九年一〇月一三日）を開催しました。一一月一九日には参議院の文教科学委員会で「大学入学共通テスト」について参考人として意見を述べる機会も与えられました。現段階ではまだどうなるか予断をゆるさない状況が続いていて、このあとも続々と同じような趣旨のイベントや会合、雑誌特集なども予定されています。

教師という職業はどんな場合であっても楽観主義を手放してはいけない、それが私のモットーです。最悪の改革に直面して思いがけず国語教育に深入りすることになりましたが、それによって、このように異なる職種、異なる立場の方たちと出会い、対話や議論を重ねることができました。崖のきわに立って交わす会話は緊張と冷や汗の連続です。背後に広がるのは必ずしも明るい未来ではないようですが、未来とはそのようなものだと覚悟を決めて、過去と現在を見つめていくつもりです。

紅野謙介

二〇一九年一二月九日

ちくま新書
1468

国語教育　混迷する改革

二〇二〇年一月一〇日　第一刷発行

著　者　紅野謙介（こうの・けんすけ）

発行者　喜入冬子

発行所　株式会社筑摩書房
東京都台東区蔵前二-五-三　郵便番号一一一-八七五五
電話番号〇三-五六八七-二六〇一（代表）

装幀者　間村俊一

印刷・製本　株式会社精興社

ISBN978-4-480-07280-1 C0237

ちくま新書

399 教えることの復権 大村はま／苅谷剛彦・夏子
詰め込みかゆとり教育か。今再びこの国の教育が揺れている。教室と授業に賭けた一教師の息の長い仕事を通して、もう一度正面から「教えること」を考え直す。

742 公立学校の底力 志水宏吉
公立学校のよさとは何か。元気のある学校はどんな取り組みをしているのか。12の学校を取り上げた本書は、公立学校を支える人々へ送る熱きエールである。

1014 学力幻想 小玉重夫
日本の教育はなぜ失敗をくり返すのか。その背景には、子ども中心主義とポピュリズムの罠がある。学力をめぐる誤った思い込みを抉り出し、教育再生への道筋を示す。

1047 公立中高一貫校 小林公夫
私立との違いは？　適性検査の内容は？　どんな子どもが受かるのか？　難関受験教育のエキスパートが、徹底した問題分析と取材をもとに、合格への道を伝授する。

1174 「超」進学校　開成・灘の卒業生――その教育は仕事に活きるか 濱中淳子
東西の超進学校、開成と灘に実施した卒業生調査。中高時代の生活や悩みから現在の職業、年収まで詳細に分析。そこから日本の教育と社会の実相を逆照射する。

1180 家庭という学校 外山滋比古
親こそ最高の教師である。子供が誰でも持つ天才的能力をつなぎとめるには、親が家庭で上手に教育するしかない。誇りを持って、愛情をこめて子を導く教育術の真髄。

1339 オカルト化する日本の教育――江戸しぐさと親学にひそむナショナリズム 原田実
偽史・疑似科学にもとづく教育論が、教育行政に影響を与えている。欺瞞に満ちた教えはなぜ蔓延したのか。嘘がばれているのに、まかり通る背景には何があるのか。

ちくま新書

772 **学歴分断社会** 吉川徹

格差問題を生む主たる原因は学歴にある。そして今、日本社会は大卒か非大卒かに分断されてきた。そのメカニズムを解明し、問題点を指摘し、今後を展望する。

809 **ドキュメント 高校中退** ——いま、貧困がうまれる場所 青砥恭

高校を中退し、アルバイトすらできない貧困状態へと落ちていく。もはやそれは教育問題ではなく、社会を揺るがす問題である。知られざる高校中退の実態に迫る。

817 **教育の職業的意義** ——若者、学校、社会をつなぐ 本田由紀

このままでは、教育も仕事も、若者たちにとって壮大な詐欺でしかない。教育と社会との壊れた連環を修復し、日本社会の再編を考える。

1085 **子育ての哲学** ——主体的に生きる力を育む 山竹伸二

子どもに生きる力を身につけさせるにはどうすればよいか。「自由」と「主体性」を哲学的に考察し、よい子育てとは何か、子どもの真の幸せとは何かを問いなおす。

1091 **もじれる社会** ——戦後日本型循環モデルを超えて 本田由紀

もじれる＝もつれ＋こじれ。行き詰まり、悶々とした状況にある日本社会の見取図を描き直し、教育・仕事・家族の各領域が抱える問題を分析、解決策を考える。

1113 **日本の大課題 子どもの貧困** ——社会的養護の現場から考える 池上彰編

格差が極まるいま、家庭で育つことができない子どもが増えている。児童養護施設の現場から、子どもの貧困についての実態をレポートし、課題と展望を明快にえがく。

1120 **ルポ 居所不明児童** ——消えた子どもたち 石川結貴

貧困、虐待、家庭崩壊などが原因で、少なくはない子どもたちの所在が不明になっている。この国で社会問題化しつつある「消えた子ども」を追う驚愕のレポート。

ちくま新書

1125
ルポ 母子家庭
小林美希
夫からの度重なるDV、進展しない離婚調停、親子のギリギリの生活……。社会の矛盾が母と子を追い込んでいく。彼女たちの厳しい現実と生きる希望に迫る。

1163
家族幻想
——「ひきこもり」から問う
杉山春
現代の息苦しさを象徴する「ひきこもり」。閉ざされた内奥では何が起きているのか？〈家族の絆〉という神話に巨大な疑問符をつきつける圧倒的なノンフィクション。

1233
ルポ 児童相談所
——一時保護所から考える子ども支援
慎泰俊
自ら住み込み、100人以上の関係者に取材し「一時保護所」の現状を浮かび上がらせ、課題解決策を探る。若き社会起業家による、社会的養護の未来への提言。

1235
これが答えだ！ 少子化問題
赤川学
長年にわたり巨額の税金を投入しても一向に改善しない少子化問題。一体それはなぜか。少子化対策をめぐるパラドクスを明らかにし、この問題に決着をつける！

1288
これからの日本、これからの教育
前川喜平
寺脇研
二人の元文部官僚が「加計学園」問題を再検証し、生涯学習やゆとり教育、高校無償化、夜間中学など一連の改革をめぐってとことん語り合う、希望の書！

1436
教え学ぶ技術
——問いをいかに編集するのか
苅谷剛彦
石澤麻子
オックスフォード大学の教育法がここに再現！ 論理をいかに構築するのか？ 問いはどうすれば磨かれるのか？ 先生と学生との対話からその技術を摑み取れ。

110
「考える」ための小論文
西研
森下育彦
論文を書くことは自分の考えを吟味するところから始まる。大学入試小論文を通して、応用のきく文章作法を学び、考える技術を身につけるための哲学的実用書。

ちくま新書

486 図書館に訊け！ 井上真琴
図書館は研究、調査、執筆に携わる人々の「駆け込み寺」である！ 調べ方の超基本から「奥の手」まで、カリスマ図書館員があなただけに教えます。

542 高校生のための評論文キーワード100 中山元
言説とは？ イデオロギーとは？ テクストとは？ 辞書を引いてもわからない語を、思想的背景や頻出する文脈から解説。評論文を読む〈視点〉が養えるキーワード集。

600 大学生の論文執筆法 石原千秋
大学での授業の受け方から、大学院レベルでの研究報告や社会に出てからの書き方まで含め、執筆法の秘伝を公開する。近年の学問的潮流も視野に入れた新しい入門書。

604 高校生のための論理思考トレーニング 横山雅彦
日本人は議論下手。なぜなら「論理」とは「英語の」思考様式だから。日米の言語比較から、その背後の「心の習慣」を見直し、英語のロジックを日本語に応用する。２色刷。

889 大学生からの文章表現——無難で退屈な日本語から卒業する 黒田龍之助
読ませる文章を書きたい。だけど、学校では子供じみた作文と決まりきった小論文の書き方しか教えてくれなかった。そんな不満に応えるための新感覚の文章読本！

908 東大入試に学ぶロジカルライティング 吉岡友治
腑に落ちる文章は、どれも論理的だ！ 東大入試を題材に、論理的に書くための「型」と「技」を覚えよう。学生だけでなく、社会人にも使えるワンランク上の文章術。

1380 使える！「国語」の考え方 橋本陽介
読む書く力は必要だけど、授業で身につくの？ 小説と評論、どっちも学ばなきゃいけないの？ 国語にまつわる疑問を解きあかし、そのイメージを一新させる。

ちくま新書

1298 英語教育の危機 鳥飼玖美子
大学入試、小学校英語、グローバル人材育成戦略……2020年施行の新学習指導要領をはじめ、日本の英語教育は深刻な危機にある。第一人者による渾身の一冊！

1230 日本人の9割が間違える英語表現100 キャサリン・A・クラフト 里中哲彦編訳
教科書に載っていても実は通じない表現や和製英語など、日本人の英語は勘違いばかり！ 長年日本人の英語に接してきた著者が、その正しい言い方を教えます。

1248 めざせ達人！ 英語道場——教養ある言葉を身につける 斎藤兆史（よしふみ）
読解、リスニング、会話、作文……英語学習の本質をコンパクトに解説し、「英語の教養」を理解し、発信できるレベルを目指す。コツを習得し、めざせ英語の達人！

1313 日本人の9割が知らない英語の常識181 キャサリン・A・クラフト 里中哲彦編訳
日本語を直訳して変な表現をしていたり、あまり使われない単語を多用していたり、日本人の英語はまだまだ勘違いばかり。10万部超ベストセラー待望の続編！

1350 英語教育幻想 久保田竜子
英語は全世界の人々を繋ぐ？ 英語力は経済的な成功に？ ネイティブ教師について幼少期から学習するのが良い？ 日本人の英語信仰、その真偽をあぶりだす。

1405 英語の処方箋——「日本人英語」を変える100のコツ ジェームス・M・バーダマン 安藤文人訳
「よろしく」って英語で何て言う？ "Long time no see." は使わないほうがよい？ 日本人英語の間違いや会話・文法の要点などを楽しく解説！

1446 日本人のための英語学習法——シンプルで効果的な70のコツ 里中哲彦
いろいろな学習法を試しても、英語の力が上がらないのはなぜなのか？ 本当にすべきことは何なのか？ 人気予備校講師が、効果的な学習法やコツを紹介する！

ちくま新書

253
教養としての大学受験国語
石原千秋
日本語なのにお手上げの評論読解問題。その論述の方法を、実例に即し徹底解剖。アテモノを脱却し上級の教養をめざす、受験生と社会人のための思考の遠近法指南。

1062
日本語の近代
——はずされた漢語
今野真二
漢語と和語が深く結びついた日本語のシステムから、日清戦争を境に漢字・漢語がはずされていく。明治期の小学教材を通して日本語への人為的コントロールを追う。

1105
やりなおし高校国語
——教科書で論理力・読解力を鍛える
出口汪
教科書の名作は、大人こそ読むべきだ！　夏目漱石、森鷗外、丸山眞男、小林秀雄などの名文をカリスマ現代文講師が読み解き、社会人必須のスキルを授ける。

1221
日本文法体系
藤井貞和
日本語を真に理解するには、現在の学校文法を書き換えなければならない。豊富な古文の実例をとりあげつつ、日本語の隠れた構造へと迫る、全く新しい理論の登場。

1246
時間の言語学
——メタファーから読みとく
瀬戸賢一
私たちが「時間」をどのように認識するかを、〈時は金なり〉〈時は流れる〉等のメタファー（隠喩）を分析して明らかにする。かつてない、ことばからみた時間論。

1396
言語学講義
——その起源と未来
加藤重広
時代とともに進化し続ける言語学。国家戦略、AI、滅びる言語、……現代に即した切り口も交え、ことばの研究の起源から最先端まで、全体像と各論点を学びなおす。

1212
高大接続改革
——変わる入試と教育システム
山内太地
本間正人
2020年度から大学入試が激変する。アクティブラーニング（AL）を前提とした高大接続の一環。では、ALとは何か、私たち親や教師はどう対応したらよいか？